절망아, 내가 죽기 전에는 절대로 너한테 진 거 아니거든.

절대강자

이외수의 인생 정면 대결법

절대강자

이외수가 쓰고
정태련이 그리다

해냄

지금 살아 있다는 사실만으로도 그대는 절대강자다.

| 차례 |

1장 뇌에서 마음까지의 거리가 가장 멀다

머리로는 사랑을 할 수가 없다 15 | 반성이 그대를 진보케 하고 변명이 그대를 퇴보케 하리라 17 | 초딩 유머 20 | 아침을 위하여 21 | 일그러진 거울 속에 일그러진 내가 있다 22 | 없는 놈 자존심이 더 무섭다는 속담이 있습니다 23 | 그대는 종무소식 26 | 하나님의 사전에는 공짜가 없다 27 | 싸부 찾아 삼만리 28 | 파종(播種) 29 | 내공 32 | 갈증과 결핍 33 | 진정한 사랑 34 | 배수의 진 35 | 너희도 외롭구나 36

2장 육안과 뇌안을 감고 심안과 영안을 떠라

지혜롭고 자비로우신 하나님 39 | 등록금을 돌려주세요 40 | 남아수독오거서지 남아술독오거주가 아닙니다 40 | 밥과 꿈 40 | 낭만을 위하여 43 | 깨달음 44 | 태양은 임자가 없다 45 | 비결 46 | 화장품 47 | 남의 불행을 내 행복으로 여기지 말라 50 | 성형시대 54 | 사랑의 가능성 55 | 사랑은 I 58 | 사랑은 II 59 | 원추리는 이름을 가진 새는 먹이 때문에 자신의 품격을 스스로 낮추지는 않는다 60 | 수순(手順) 60

3장 입은 비뚤어져도 말은 바로 합시다

젊음에게 I 63 | 때가 아닐 뿐 66 | 맛 67 | 손금 속 그리움 68 | 젊음에게 II 69 | 나이 들어 본전 생각하면 무슨 소용 72 | 시간의 무게 73 | 잘못 걸렸다 74 | 삑사리 75 | 묵살 78 | 세상에! 79 | 술꾼의 자격 82 | 철이 덜 들었나 보다 83 | 아픔과 눈물 84

4장 마른 가슴에 물 주기

지구는 멸망해도 그리움은 남는다 87 | 하나님과 하느님 88 | 언제나 내 편 89 | 삼단 뱃살의 위력 92 | 실패보다 못한 성공 93 | 그리움이 음식의 맛을 좌우한다 96 | 그대 가슴 적시리 97 | 거북이는 빠르면 불리하다 98 | 품위 99 | 무엇이 만 생명을 주관하는가 102 | 외모지상주의 103 | 포장지가 아름다운 것이야 탓할 바가 아니지만 106 | 안목 107 | 술이 문제 108

5장 손금 속으로 강이 흐르리

돌팔이 환자 111 | 글로 밤을 지새다 114 | 대표작 115 | 쓰는 사람 읽는 사람 118 | 떡 한번 돌릴까요 119 | 이런 사람은 대개 애인이 없다 122 | 마음이 비뚤어지면 온 세상이 비뚤어져 보인다 123 | 전생 124 | 대한민국은 학연공화국 125 | 마누라 128 | 바다에 가고 싶지 않으십니까 129 | 인생의 동반자 130 | 사과 131 | 부끄럽고 아픈 시간 132

6장 배만 채우지 말고 뇌도 채웁시다

새벽 잔상 135 | 어릴 때는 다 믿었네 138 | 진짜 친구냐 139 | 그놈의 정 때문에 142 | 괜한 허세 143 | 도대체 무슨 죄 144 | 만물의 영장 145 | 그리움 148 | 인내심의 유통기한 149 | 담배를 이기다 152 | 가슴 떨리는 이름 153 | 나이 먹기 154 | 동반자의 기를 죽이지 말라 155 | 무서븐 울 마누라 156

7장 엉덩이로 버티기

세상에는 영원하면 안 되는 것들도 있다 159 | 결례 162 | 악당의 최후 163 | 왜 그랬을까 164 | 우주를 향한 교신 165 | 뚝배기 사랑 168 | 3류의 조건 169 | 취향도 취향 나름 170 | 순종 불가 171 | 해학종결자 174 | 처녀 뱃사공 175 | 이외수식 우리 민요 해제 176 | 콩깍지 현상 178 | 세상에 사랑 아닌 것이 어디 있으랴 179 | 비만이 죄인가요 180

8장 먼 길을 가려거든 발이 편한 신발부터 장만하라

만병통치약 183 | 식견보다는 감동을 184 | 맞춤법 틀리면 사랑도 유리컵 185 | 글의 생사 여부 188 | 진달래와 철쭉 189 | 쩝! 192 | 외숍우화 193 | 방하착(放下着) 196 | 헝그리 정신을 부자들에게 197 | 그것들이 그대에게 무슨 말을 하고 있는지 198 | 속담의 재발견 I 199 | 모든 법칙에는 예외가 있다 202 | 잘 지내시나요 203 | 인간의 자격 204

9장 머리 닿는 부분이 하늘이고 발 닿는 부분이 땅입니다

나를 말아먹은 8할이 술입니다 207 | 예외적 인간 208 | 정치가 209 | 백마 탄 왕자 212 | 인정하시지요 213 | 잘 먹고 잘 살기 216 | 문명 217 | 속담의 재발견 II 218 | 발끈하는 이유 219 | 때로는 비 내리고 때로는 눈 내리고 222 | 하늘의 사랑법 223 | 책 없는 인생 224 | 초강력 무기 226

10장 마음에서 마음으로

완벽한 인간 229 | 궁상 3종 세트 232 | 모든 존재의 불행은 233 | 그대는 솔로 236 | 사랑은 만물에게 통한다 237 | 이유는 묻지 마세요 240 | 사랑의 진실 241 | 애물단지 242 | 자판기에서 뽑아 먹는 사랑 243 | 으헝, 이쁘면 뭘 하나 244 | 예술은 공식이 없다 245 | 온몸이 쪼개지는 아픔 248 | 낙장불입 249 | 사막 같은 세상 250 | 뿌리의 존재 251 | 노학만리심(老鶴萬里心) 252 | 꽃 피는 그날까지 253

이 책에 담긴 유물 그림 해설 — 김대환(문화재평론가) 256

인생은 결국 자신과의 싸움이다. 외부인과의 싸움조차도 궁극적으로는 자신과의 싸움으로 귀결되는 것이다. 우주를 통째로 가슴에 품고 초연하라. 그것만이 그대를 승리자로 만든다.

1장

뇌에서 마음까지의 거리가 가장 멀다

머리로는 사랑을 할 수가 없다

옥수수를 보고 밥솥에 찔 생각을 하면 이성 중심의 인간에 가깝고 옥수수를 보고 하모니카를 떠올리면 감성 중심의 인간에 가깝습니다.

저는 감성이 녹슬어 있다는 사실이 그다지 자랑할 만한 것은 아니라고 생각해 온 사람 중의 하납니다. 그런데 지식인들 중에는 간혹 무감성을 지성의 궁극으로 생각하는 분들도 계시지요. 그분들에게는 과연 사랑이 어떤 언어로 설명될 수 있을까요.

언젠가는 사랑도 단위와 가격이 매겨져 백화점이나 동네 마트에서 고가로 판매될 것입니다. 당연히 불량품이 판을 칠 것이며 부작용도 빈번할 것입니다. 우울증 환자가 급증하고 자살자가 속출할 것입니다. 그리고 진품사랑이 오히려 짝퉁사랑 취급을 받을 것입니다.

앎이 머리에 소장되어 있을 때는 지식이고, 앎이 가슴으로 내려오면 지성입니다. 그리고 지성이 사랑에 의해 발효되면 지혜가 됩니다.

다행스럽게도 보름달이 먹구름 속에서 해맑은 얼굴을 내밀었습니다. 오늘밤 달을 보고 이태백으로 변하는 사람이 더 많을까요, 아니면 늑대인간으로 변하는 사람이 더 많을까요.

좁쌀 한 알 속에도 우주가 있고, 그 우주 속에도 그대가 삽니다. 좁쌀 한 알 속에도 하늘이 있고 그 하늘 속에도 별들이 돋아납니다. 그리울 때마다 한 점씩 별들이 돋아나 새도록 은하수로 흐르는 하늘.

반성이 그대를 진보케 하고 변명이 그대를 퇴보케 하리라

새는 조그만 벌레 한 마리를 잡아먹는 일에도 철저한 집중력으로 온몸을 투척하는 모습을 보여줍니다. 어떤 일을 했을 때, 소득이 신통치 않을 때는 남을 탓하기 전에 자신이 최선을 다했는가부터 반성해 볼 일입니다.

어떤 단점을 지적받았을 때, 자신의 단점에 열심히 변명이나 이유를 갖다 붙이는 사람은 자신의 단점을 쉽게 쓰레기통 속에 내던져버릴 위인이 못 됩니다. 개인을 개선하고 발전시키는 디딤돌은 이유나 변명이 아니라 후회나 반성이기 때문입니다.

인생이라는 이름의 트랙에서 만날 수 있는 장애물 중, 가장 뛰어넘기 힘든 장애물은 바로 자기 자신이라는 이름의 장애물입니다. 명심하세요. 이 장애물은 변명에 의해서 더욱 견고해지고 반성에 의해서 더욱 허술해집니다.

과연 아는 만큼 보인다는 말이 진리일까요. 혹시 아는 것에 가려서 진체가 안 보이는 경우는 없을까요.

초딩 유머

인터넷에서 루이비똥을 똥값에 판다는 광고를 보았어요. 명품이라면 사족을 못 쓰는 누나 생일이 며칠 남지 않아서 선물하려고 모아둔 용돈을 털어서 인터넷으로 주문을 했어요. 배달된 건 개똥 한 무더기였어요. 광고를 낸 사람의 애완견 이름이 루이비래요.

물고기 비늘을 한자와 영어로 합성한 단어는, 어(魚)드레스, 라는 유머를 투척했다가 문하생들한테 남극에서 공수된 늙다리 펭귄 취급 받았습니다.

어느 초딩에게 제가 말했습니다. 이 할아버지가 사이보그라는 사실 모르고 있었지. 그러자 초딩이 말했습니다. 설마요. 내가 다시 말했습니다. 내 이빨 있지, 이탈과 합체가 가능한 틀니야. 그러자 초딩이 내게 물었습니다. 우리 교장선생님도 그런데 같은 별에서 오셨나요.

아침을 위하여

멀리서 자기가 농사지은 배추 두 포기를 들고 시인이 왔습니다. '시를 살아야 시인입니다.' 시 자체가 의식주의 중심이 되어야 한다는 뜻이겠지요. 시인이 농사를 지은 한 포기의 배추는 배추라는 이름을 가진 한 포기의 시입니다. 저는 오래도록 제 의식주의 중심이 무엇이었는지를 생각해 보았습니다. 인간이라는 이름으로 태어나 인간이라는 이름을 의식주의 중심에 두고 살아가시는 모든 분들께 끝없는 존경을 보냅니다.

비록 누더기를 걸치고 살지언정 거짓투성이로 살지는 맙시다. 이제 진정성이 없는 분들이 대접받고 살아가던 시대는 침몰하고 있습니다. 만물은 스스로 참다움을 잃지 않으려는 속성을 간직하고 있습니다. 그대 또한 스스로 그대의 눈부신 아침을 준비합시다.

오늘도 어김없이 아침이 찾아왔습니다. 그대로 하여금 사랑을 할 수 있는 시간을 드리기 위해섭니다. 하루는 24시간입니다. 모두 사랑하는 일에 쓰셔도 괜찮습니다.

일그러진 거울 속에 일그러진 내가 있다

마음이 비뚤어진 사람에게는 만 사물이 다 비뚤어져 보이는 법이지요.

물론, 극소수의 잘못을 근거로 전체를 싸잡아 매도하는 것은 잘못입니다. 그러나 극소수의 잘못이 너무나 빈번하면 전체도 마땅히 책임을 통감할 수 있어야 합니다. 잘못만 저지르고 책임도 반성도 없는 고관대작들만의 천국, 행복지수가 높아질 까닭이 없지요.

1년이 넘도록 나쁜 습관을 못 고치면 그것은 습관이 아니라 일종의 병입니다.

깔고 앉은 사람에 따라 땅도 변한다는 말이 있습니다. 명당이 따로 없다는 뜻이지요. 덕망 높은 사람이 깔고 앉으면 명당 아닌 자리가 없다고 합니다. 만물에게 가슴을 열어주는 자에게는 만물도 가슴을 열어줍니다.

없는 놈 자존심이 더 무섭다는 속담이 있습니다

자기반성은 안 하면서 자존심만 강하게 드러내면 점차 측근들과의 거리가 멀어지게 됩니다. 측근들과의 거리가 멀어지게 되면 성공과의 거리 또한 멀어지게 됩니다. 적당한 자존심은 기품이지만 때로 지나친 자존심은 자기 발등을 찍는 도끼가 되기도 하지요.

아는 길도 물어서 가십시오. 하지만 남자 운전자들은 대개 모르는 길에서도 한사코 묻기를 회피합니다. 서푼짜리 자존심과 내비게이션 때문입니다. 하지만 내비게이션도 때로는 실성을 합니다. 실성을 하면 그제서야, 서푼짜리 자존심이 고난의 초대자임을 알게 됩니다.

작품에 대한 작가의 자존심은 당연한 것입니다. 비록 그것이 남들에게는 자뻑으로 보일지라도.

진정한 사랑에는 이별이 따르지 않고 진정한 이별에는 미움이 따르지 않는 법. 그대는 지금 왜 울고 있나요.

그대는 종무소식

할아버지 도리깨질에 마당 가득 흩어지던 콩알들, 모두 하늘로 가서 가을밤 영롱한 별들로 빛나고 있다.

한밤중. 서늘한 바람 한 장이 이마를 적시고 지나간다. 벽 속에 숨어 끊임없이 여름의 종식을 타전하는 귀뚜라미. 나는 비로소 빗소리 가득한 기억의 서랍을 닫는다.

복주산 비탈마다 나무들 바람났네. 걸음마다 화냥기로 불타고 있네. 가을은 깊었는데 그대는 종무소식.

가을 단풍 황홀한 줄 누가 모르랴. 한 번 더 비 내리면 헐벗은 풍경, 비어나간 하늘을 볼 때마다 그대 그리울까 걱정일 뿐.

하나님의 사전에는 공짜가 없다

지금 고통받고 계십니까. 하나님께서 그대에게 아주 큰 능력이나 기쁨을 드리기 위해 그대를 담금질하고 계시는 것입니다. 제가 실전을 통해 확인한 바에 의하면 하나님의 사전에는 공짜라는 단어가 없습니다. 주저앉으면 말짱 꽝이고 견디면 정말 대박입니다.

전 세계 범죄자들의 공통점은 당하는 자의 고통을 감안하지 않는다는 사실입니다. 당신이 대수롭지 않게 두드리는 자판이 때로는 상대편의 목숨을 끊어버리게 만드는 칼이 될 수도 있습니다.

어리석은 사람과 세상을 함께 살아가야 하는 인생보다 사악한 사람과 세상을 함께 살아가야 하는 인생이 훨씬 더 고통스럽습니다.

싸부 찾아 삼만리

춘천에 있을 때였습니다. 외출했다 돌아온 아내가 말했습니다. "비가 억수로 쏟아지는데 청년 하나가 대문 앞에서 무릎을 꿇고 앉아 있어요. 이틀째래요." 제자로 받아주지 않으면 한 발자국도 움직이지 않겠다는 것이었습니다. 내가 나가서 무얼 배우고 싶냐고 그에게 물었습니다. 그가 대답했습니다. 무술요.

오늘 외출했다가 여고생 두 명을 만났습니다. 그 중의 한 명이 저를 보고 내뱉은 탄성. 어머, 나 연예인 직접 보는 거 첨이야. 저로서는 '이거 왠지 쓸쓸하구만'이었습니다.

나는야 떠다니는 집필실 여여호의 꽃노털 선장. 가끔 화천강에 나가 키를 잡습니다. 작품은 아직도 구상 중. 가을이 절정을 이루면 강물도 아름답게 단풍이 들지요. 아마 그때쯤에는 작품의 빛깔도 선명하게 잡히지 않을까 기대합니다.

파종(播種)

　마음밭 가득 쐐기풀을 키우는 사람이 있는가 하면, 마음밭 가득 토끼풀을 키우는 사람들도 있습니다. 어느 쪽이든, 꽃을 피우고 난 다음에는 자신도 사랑받을 수 있는 자격이 있다는 사실을 알게 됩니다.

　척박한 가슴이 각박한 일상을 만들지요. 오로지 돈만을 위해 살아가는 인생은 결국 허무와 회한만을 남기게 됩니다. 인간은 예술이 있기 때문에 위대한 존재이며 사랑이 있기 때문에 거룩한 존재입니다. 그대 꿈속으로 빛나는 별들과 눈부신 꽃들을 보냅니다.

　밤이 조금씩 길어지고 있네요. 주침야활(晝寢夜活)에 익숙해져 있는 저에게는 은혜로운 일입니다. 척박한 땅에 씨를 뿌리는 기분으로 한 줄의 글이라도 더 파종할 수 있기 때문입니다. 아침이 오고 그대가 깨어나면, 그때 저는 쓰러져 잠들기로 합니다.

　엄마가 그냥 섬에 굴 따러 가면 산문이 되고, 엄마가 섬그늘에 굴 따러 가면 시가 된다.

내공

초기에는 누구나 실력이 어중간할 수밖에 없습니다. 그러나 자신이 하고 있는 일이 도를 닦는 일이라 생각하고, 평생을 꾸준히 연마하면, 어떤 일이든 나중에는 내공이 쌓이기 마련입니다. 그때 내공을 시전(始展)하면, 우캬캬, 안 맞아도 중상이요 설맞아도 사망입니다.

아무리 먹고살기가 힘들어도 저런 인간은 닮지 말아야지, 하는 생각이 들게 만드는 위인들이 있습니다. 하지만 그런 위인들도 어떤 의미에서는 스승입니다. 털끝만큼도 존경심을 못 느끼게 만드는 스승이라니, 일반적인 내공으로 어찌 그 경지에 달할 수가 있겠습니까.

군대에서 내공은 없고 연륜만 있는 고참을 모시는 일은 졸병들에게는 일종의 재앙이지 말입니다.

갈증과 결핍

맥주, 니코틴, 치킨, 쇼핑, 음료수, 영화, 여행, 음악, 바다. 이 모든 것들이 불현듯 당기는 것은 그대가 애정결핍 상태임을 증거하는 현상입니다. 그것들을 질릴 정도로 사거나, 먹거나, 보거나, 듣는다 해도, 결핍감은 결코 사라지지 않습니다.

못으로 깡통 밑바닥에 구멍을 몇 개 뚫고, 흙을 가득 담은 다음, 접시를 받치고, 깡통 속에 강낭콩 한 알을 심어보세요. 그리고 마음속으로 자주 강낭콩에게 편지를 쓰거나 대화를 나누세요. 잎이 피고 꽃이 피면 그대의 불면증이나 우울증이 사라져버릴지도 모릅니다.

외로우신가요. 시를 가까이하십시오. 그대 가슴 안에 아름다운 꽃들이 많이 피어 있어야 벌나비도 많이 찾아오는 법입니다.

진정한 사랑

지혜는 높은 곳을 향해 가지를 뻗어가게 만들고, 사랑은 낮은 곳을 향해 뿌리를 뻗어가게 만들라. 고개를 들어 하늘을 두려워하지 않고, 고개를 숙여 목숨을 귀하게 여기지 않는 자, 십자가 아래 숨는다 한들 어찌 천벌을 피해갈 수 있으리오.

기다리는 일이 사랑하는 일보다 더 고통스러울 때가 있다. 하지만 그 것을 극복하지 못하는 사랑을 어찌 진정한 사랑이라고 말할 수 있으랴.

꽃나무들도 살갗이 터지는 아픔을 겪고 나서야 꽃망울 하나를 움틔 운다. 그러니까, 아름다운 꽃 한 송이는 아름다운 아픔 한 송이이다.

배수의 진

나는 소설을 쓰기 위해 정선으로 가기 전, 장인어른께 말했다. 제가 1년이 지나도록 돌아오지 않으면 소설을 쓰지 못해서 자살한 것으로 아시고 아내와 아이들을 잘 거두어주시기 바랍니다. 배수의 진이었다. 정선에 들어가 쓴 소설이 『꿈꾸는 식물』이었다.

내 초기의 작품들은 한결같이 주인공들이 좌절하거나 자살하거나 사고사로 죽어버리는 결말을 초래한다. 나는 작가적 책임을 통감하고 감옥 철문을 집필실에 장착한 다음, 9년 동안 갇혀서 『벽오금학도』와 『황금비늘』을 썼다. 자기구원의 메시지를 전달하기 위해서.

쓰는 사람이 감동하지 않는 소설은 읽는 사람도 감동하지 않는다. 그래서 나는 언제나 내 소설의 첫번째 독자이면서, 가장 엄격하고도 신랄한 독자가 된다.

너희도 외롭구나

가끔 복사기가 저 혼자 작동될 때가 있다. 외계에서 무슨 메시지를 보내는 것인가 해서 유심히 들여다보면 매번 헛출력을 하고 있을 뿐이다. 기계인 주제에 감히 주인한테 페이크질을 하다니. 어이가 없다. 하지만 알겠다. 니놈도 불현듯 외로운 거지?

어릴 때는 움직이지도 못하는 식물들이 바보 같다는 생각을 했었다. 그러나 지금은 움직이지도 않고 살아가는 방법을 터득한 식물들이 존경스럽다는 생각을 한다.

집에서 기르던 고양이 한 마리, 돌보던 사람이 떠나간 다음 종일토록 처량한 모습으로 문 쪽만 쳐다보고 있네.

2장

육안과 뇌안을 감고
심안과 영안을 떠라

지혜롭고 자비로우신 하나님

어떤 여자가 하나님께 왜 남자를 먼저 만들었느냐고 물었다. 하나님이 대답하셨다. 여자를 먼저 만들었다면 남자를 만들 때 키, 이목구비, 오장육부, 성격, 지능지수, 남근의 크기와 성능, 목소리 등 얼마나 요구조건이 많았을까를 생각해 보아라.

하나님께서 종신형 수감자들의 소원을 들어주셨다. A는 술, B는 여자, C는 담배. 그런데 1년 뒤 A는 알코올중독으로 사망했고 B는 기력 소진으로 사망, C만 살았다. 하나님께서 비결을 물었다. C가 대답했다. 라이터가 없어서요.

하나님. 저는 하나님께서 모기를 만드신 이유를 알고 있습니다. 인간으로 하여금, 남의 피를 빨면 한 방에 훅 가는 수가 있다는 사실을 알게 만들어줄 생각이셨지요. 그런데 가끔 착하게 사는 사람들이 한 방에 훅 가게 만드시는 이유는 무엇인가요.

등록금을 돌려주세요

단지 취업을 위해 그토록 오랜 시간과 그토록 많은 등록금을 대학에 갖다 바친 것은 아닙니다. 그런데도 취업조차 할 수 없는 현실을 도대체 어떻게 설명하실 건가요. 시간은 돌려받을 수 없다 하더라도 등록금은 돌려받고 싶은 심정입니다. 전액을 돌려받을 수 없다면 반액이라도.

남아수독오거서지 남아술독오거주가 아닙니다

솔직히, 당신이 회사 간부라고 가정해 봅시다. 출중한 외모에 명문대를 졸업했다 하더라도 자기소개서 한 장 변변히 쓰지 못하는 수준이라면 부하직원으로 두고 싶은 생각이 들겠습니까. 가을입니다. 술만 열심히 마시지 말고 책도 열심히 읽읍시다.

밥과 꿈

먹고사는 일은 업이지 꿈은 아닙니다.

낭만을 위하여

밤이 깊었습니다. 빗소리 듣고 계시는지요. 이런 말 하면 낭만이 밥을 먹여주느냐고 묻는 분들이 더러 계시지요. 그분들의 인생에서는 오직 밥만이 가치가 있는 것일까요. 낭만의 가치를 모르면 인생의 가치도 모른다는 생각이 드는데 그대는 어떠신가요.

가슴에 낭만이 죽어버린 사람들이 있습니다. 그런 사람들에게는 가급적이면 살아 있는 화초를 선물하지 말아야 합니다. 십중팔구 선인장조차도 말라 죽게 만들어버리기 때문입니다.

자기 뱃속에서 가느다란 실을 뽑아 허공에 투명한 집을 짓고 살아가는 거미여. 낭만을 알다니, 멋지구나.

이 세상 모든 바위들에게 입을 달아준다면 과연 세상은 어떻게 달라질까요.

깨달음

자주색 감자는 자주색 꽃이 피고, 하얀색 감자는 하얀색 꽃이 핀다. 사람은 감자를 먹을 줄만 알았지 감자를 깨달을 줄 모른다. 그래서 세상은 팥 심은 데 콩이 나기도 하고, 콩 심은 데 팥이 나기도 한다. 팥으로 메주를 쑤었다는 사람도 생겨난다.

새들이 운다는 표현이 맞는지, 아니면 새들이 노래한다는 표현이 맞는지를 두고 논쟁을 벌이는 사람들이 있다. 당신이 슬플 때는 우는 것이 맞고 당신이 기쁠 때는 노래하는 것이 맞다. 하지만 당신이 정치가일 경우에는 늘 비웃는 것일지도 모른다.

경전은 대개 만인에게 자비와 사랑을 전파하기 위해서 만들어졌다. 그래서 어지간한 식견만 있다면 누구나 알아듣고 실천할 수 있는 내용들이다. 다만 종교적 자만과 허영을 뒤집어쓴 사람들이 경전을 더욱 어렵게 만들고 있을 뿐.

태양은 임자가 없다

 물질의 풍요가 행복을 가져다준다는 생각이 그대를 행복으로부터 철저하게 격리시키는 미신이 됩니다. 그 생각을 수정하지 않는 한 그대는 평생 불행의 노예로 살아갈 수밖에 없습니다.

 그대를 위해 오늘도 아침이 밝았습니다. 흔히 세상 살기가 만만치 않다고들 합니다. 하지만 가급적이면 긍정적이고 낙관적인 생각으로 하루를 보내셨으면 합니다. 그대의 마음이 밝아져야 세상도 밝아집니다.

 태양에 임자 있나요. 가슴에 품는 사람이 임자지요. 태양도 사랑도 희망도 그대를 위해 존재합니다. 그대가 바로 우주의 중심이며 주인입니다.

비결

축구를 몸으로 하면 선수가 공을 쫓아다니게 되고 축구를 마음으로 하면 공이 선수를 쫓아다니게 됩니다. 어떤 것을 마음으로 한다는 것은 곧 그것과 합일을 이룬다는 뜻입니다. 이 원리는 모든 분야에 적용됩니다.

인간의 손톱은 자라기 마련입니다. 세계 시장 점유율 70퍼센트를 차지하고 있는 한국산 손톱깎이. 간단해 보이지만 자동차나 항공기 부품을 제작할 때 쓰이는 정밀공정이 요구됩니다. 따라서 기술의 유출을 우려, 외국인 노동자는 채용하지 않습니다.

못 하나 안 치고 요철 맞추기로 수백 년을 버티게 만드는 건축 문화. 발효된 반찬 한 가지에 300여 종의 영양소가 함유되어 있는 음식 문화. 어떤 체형을 가진 사람이 입어도 다 아름다워 보이는 의상 문화. 이런 의식주 문화를 계승하고 있는 나라가 어디 있삼?

화장품

어느 날 마누라가 제게 물었습니다. 당신은 왜 나한테 한 번도 화장품 같은 거 선물 안 해요. 제가 대답했습니다. 화장 안 해도 예쁜 여자한테 화장품 사주는 건 신이 주신 미모를 모독하는 행위야.

최고급 화장품보다 몇 배나 여자의 얼굴을 예쁘게 보이도록 만들어주는 것이 환한 웃음입니다.

사랑은 여자를 급속도로 아름답게 만드는 고성능 화장품입니다.

한평생 박터지게 머리공부 해본들, 열병 같은 사랑은 어찌하며 고문 같은 이별은 어찌하리. 온 세상 공부 중에서 가장 값진 공부는 오로지 마음공부. 먼 산머리 조각구름은 오늘도 거처가 없네. 불현듯 깨닫고 나면 그대 앉은 자리 모두가 우주의 중심.

남의 불행을 내 행복으로 여기지 말라

　성경에 등장하는 인물들 중, 가장 지혜로운 인물은 솔로몬이다. 두 엄마 중에서 진짜 엄마를 찾아낸 그의 재판은 유명하다. 그는 자식에 대한 어머니의 사랑을 근거로 진위를 구분할 수 있었다. 진정으로 지혜로운 자는 머리로 헤아리는 자가 아니라 마음으로 헤아리는 자인 것이다.

　생각과 마음은 다른 것이다. 마음은 깨달음의 문을 열게 만들고 생각은 깨달음의 문을 닫게 만든다. 다리 저는 개를 보고 치료해 주고 싶을 때는 마음이 작용한 것이고 치료비가 얼마인지 궁금해지면 생각이 작용한 것이다. 마음은 아픔을 같이하는 것이다.

　옛 선사들은 생각이 끊어진 자리에 도가 있다고 설파했다. 생각이 끊어진 자리에 마음이 있기 때문이다. 하지만 대부분의 사람들은 생각과 마음을 구분하지 못한다. 생각과 마음을 구분하고 싶은가.

흥부는 다리가 부러진 제비를 보면 자기 다리도 아픈 사람이다. 곧 마음으로 세상을 사는 사람이다. 반대로 놀부는 제비의 다리를 분질러도 자기 다리가 아프지 않은 사람이다. 곧 생각으로 세상을 사는 사람이다.

즉, 대상과 내가 하나면 마음이고 대상과 내가 둘이면 생각이다.

그래도, 존재 자체가 희망이요 인생 자체가 축복입니다.

성형시대

인생을 살아가는 동안, 어쩌다 제게, 콜럼버스가 무슨 버스의 일종인 줄 알고 완행인지 급행인지를 물어보는 사람을 만나더라도 절대로 무시하거나 비웃지 않겠습니다. 사람을 대할 때는 머리에 무엇이 들어 있는가보다 마음에 무엇이 들어 있는가를 중시하겠습니다.

인간의 능력은, 육체적인 능력, 정신적인 능력, 영적인 능력, 세 가지로 대별됩니다. 그리고 그 세 가지 능력을 모두 관장하는 것은 마음입니다. 능력이 아무리 뛰어난 사람이라도 마음이 바르지 못하면 결국 십년 공부 도로아미타불이 되고 말지요.

성형해서 갑자기 미인으로 돌변한 아가씨에게 '마음은 어쩔 건데?'라고 물어본다면 저는 나쁜 영감탱이인가요.

사랑의 가능성

지갑이 빈곤하더라도 감성이 통하면 사랑의 가능성을 기대할 수 있지만 지갑이 두둑하더라도 감성이 통하지 않으면 사랑의 가능성은 기대하기 힘듭니다. 때로 사랑이 성사된 줄로 착각할 수도 있지만 사실은 사랑을 위장한 거래가 성사된 경우가 대부분입니다.

감성이 부족하신 분들의 특성 — 육체와 물질에 지나치게 천착합니다. 이 말은 물질에 지나치게 천착하면 감성이 고갈된다는 뜻도 내포하고 있습니다. 감성이 고갈되면 정신과 영혼도 황폐해지기 마련입니다.

양심을 가진 자에게는, 남을 속인다는 사실이 곧 자신을 속인다는 사실과 동일한 의미가 됩니다.

오늘도 부슬부슬 비가 내리네. 내 손금 속 그리운 이름들 아직도 다 지우지 못했는데.

사랑은 I

사랑은 머리를 새로 했거나 옷을 새로 갈아입었을 때, 배우 따위 당신 미모에 비하면 아무것도 아니야라고 말해 주는 것.

사랑은 친구들과 맛있는 음식을 먹다가 화장실에 다녀오면서 주인에게 1인분만 포장해 달라고 은밀한 목소리로 당부해 두는 것.

사랑은 내가 보던 스포츠 중계가 끝나지 않았는데도 그녀가 즐겨보는 연속극을 위해 자진해서 리모컨을 넘겨주는 것.

사랑은 잠든 마누라 깨우지 않고 효자손으로 등을 긁는 것.

사랑은 II

사랑은 이등병 시절 화장실에서 선임들 몰래 초코파이를 먹다가 갑자기 탈영해서 그녀에게 초코파이를 무진장 많이 사주고 싶어지는 것.

사랑은 그녀가 마음이 심란해서 머리를 자른 다음 도무지 마음에 들지 않는다고 투덜거릴 때, 그대가 하루 종일 백화점을 돌아다니면서 예쁜 모자를 찾아내고 그것을 사서 그녀에게 달려가 씌워주는 것.

사랑은 그녀에게 소는 누가 키우느냐는 질문 따위를 하지 않는 것.

사랑은 나와 야구, 둘 중 하나를 택일하라고 강요하지 않는 것.

원추라는 이름을 가진 새는 먹이 때문에
자신의 품격을 스스로 낮추지는 않는다

『장자』 외편에 원추라는 새가 나온다. 날갯짓 한 번에 남해에서 북해까지 날아간다. 가는 동안 오동나무가 아니면 앉지를 않고 멀구슬 열매가 아니면 먹지를 않으며 감로수가 아니면 마시지를 않는다. 그런데 어찌 올빼미 따위가 움켜잡고 있는 썩은 쥐를 탐내랴.

수순(手順)

날고 싶으냐. 먼저 날개를 가져라.

3장

입은 비뚤어져도
말은 바로 합시다

젊음에게 I

열악한 환경과 치열하게 싸우면서 정직하고 성실하게 살아가는 젊은 이들은 거룩하고도 아름답다. 아무리 세상이 썩어 문드러졌어도 인재를 알아보는 눈은 멀지 않는다. 꽃노털에 마당발인 내가 그들을 위해 할 수 있는 일은 기회의 징검다리를 만들어주는 것이다.

젊었을 때는 가급적이면 실패와 절망을 피해 다니지 말라. 그것들은 그대에게 투지와 인내를 가르치는 스승들이다. 그것들을 피해 다니면 결국 나이 들어 비굴과 아부만이 그대의 재산으로 남아 있게 된다. 얼마나 가련한 인생인가.

젊은 날의 배고픔을 두려워 말라. 모래 속에서 살아가는 개미귀신도 한평생 배고픈 나날로 일생을 끝마치지는 않는다. 때가 되면 날개를 달고 명주잠자리가 되어 드높은 하늘을 비상한다. 그대 또한 지금은 모래 속의 개미귀신. 언젠가는 드높은 하늘로 비상하리라.

인생을 살다 보면 아무 이유도 없이 울컥 울고 싶은 기분에 사로잡힐 때가 있다. 대개 이럴 때는 곁에 아무도 없다.

때가 아닐 뿐

젊은이여. 실력이 모자란다고 투덜거리지 말라. 아주 어릴 때부터 연마하지 않았다면 젊었을 때는 누구나 실력이 모자라기 마련이다. 그러나 앞으로 10년 후에 똑같이 투덜거린다면, 특별한 사연이 없는 한, 그대는 몇 대 얻어 터져도 할 말이 없어야 한다.

젊은이여. 불안해하지 말라. 어차피 모든 인간의 미래는 불투명한 법이다. 다만 그대의 노력에 따라 후회할 일들이 그만큼 줄어든다는 사실만은 분명하다.

젊은이여, 그대가 평생을 막장으로 살 거라는 생각은 하지 마시라. 세상의 그 어떤 길도 오르막만 있는 경우는 존재하지 않는다. 인생도 마찬가지다. 언젠가는 그대에게도 평탄한 길이 펼쳐질 것이다. 지금은 단지 때가 아닐 뿐.

맛

어떤 이는 사랑이 꿀맛 같다고 표현합니다. 깊이 음미해 보면 꿀맛에는 단맛 쓴맛 신맛 매운맛이 다 들어 있지요. 또 어떤 이는 사랑을 독약 같은 맛이라고 표현하기도 합니다. 독약 같은 맛이라니, 먹고 죽어봐야 제대로 표현할 수 있다는 뜻일까요.

학교에서 문학작품을 감상도 하기 전에 분석부터 하면서 읽도록 가르치는 일은 결과적으로 음식을 최대한 맛대가리 없게 먹을 수 있는 방법을 가르치는 일과 같습니다. 음식을 만든 요리사로서는 좋아할 까닭이 없지요.

고기는 씹어야 제 맛이고 글은 삭혀야 제 맛입니다.

손금 속 그리움

지는 꽃만 보시고 돌아서는 모습에 목이 메었습니다. 정작 보여드리고 싶었던 것은 늦가을 꽃 진 그 자리마다 영그는 핏빛 열매들.

비 한번 쏟아지고 바람 한번 몰아치니, 나무들 헐벗은 채로 뼈만 앙상하구나. 세상 풍파 다 견디고 머리에는 무서리. 구부정한 어깨로 석양길을 걷는다. 돌아보면 인생은 온통 가시밭. 맨발로 피 흘리며 여기까지 왔는데, 슬프다, 아직도 날이 밝지 않았다니.

손바닥을 펴면 내 인생 얼기설기 강줄기 같은 손금. 손금마다 연둣빛 물오른다. 자욱한 빗소리도 들린다. 그대는 어디서 무엇을 하며 사느냐. 불현듯 엽서를 보내고 싶은 봄밤.

젊음에게 II

나이 들어 젊은이처럼 능동적으로 세상을 살아가는 것은 결코 부끄러운 일이 아닙니다. 그러나 젊어서 늙은이처럼 피동적으로 세상을 살아가는 것은 참으로 부끄러운 일입니다. 비록 세상이 개떡 같을지라도 말입니다.

썩은 생선에 파리떼가 많이 달라붙는 건 당연지사겠지요. 부패한 예술, 부패한 종교, 부패한 언론, 부패한 정치도 썩은 생선과 같습니다. 파리떼가 많이 달라붙지요. 그중에서도 젊은 파리들은 참으로 우리를 슬프게 합니다.

젊은이여. 그대가 실력연마를 소홀히 했느냐 중요시했느냐에 따라, 자기가 시간의 주인이 되어 인생을 살아가느냐 시간이 자기의 주인이 되어 살아가느냐가 결정된다는 사실을 명심하소서. 실력 없는 인생이 곧 밑천 없는 인생이라는 사실 또한 명심하소서.

어떤 이가 내게 물었다. 용의 꼬리가 나은가요, 뱀의 머리가 나은가요.
내가 대답했다. 일단 뱀으로 살다가 나중에 용으로 승천하면 어떨까요.

나이 들어 본전 생각하면 무슨 소용

대학 때 술이나 마시고 어영부영 살다 보면 순식간에 젊음은 지나가 버리고, 자신도 모르는 사이, 사회의 소모품으로 전락해 버리고 맙니다. 술집에 앉아 있는 시간보다 도서관에 앉아 있는 시간이 많은 젊은 이가 결국 인생의 승리자가 되지요. 그거슨 진리.

세상이 그대로 하여금 도서관에 있고 싶은 시간보다 술집에 있고 싶은 시간을 더 많이 만들어드리기는 합니다. 하지만 그대가 만약 무지하다는 사실이 판명되면 세상은 그대를 가차없이 무시해 버립니다. 그대의 무지는 그대 탓일까요 아니면 세상 탓일까요.

도서관에 자주 드나들지 못해서 무식해진 사람보다는 자신의 내면을 자주 들여다보지 못해서 무식해진 사람이 훨씬 더 상태가 심각합니다. 뷁!

시간의 무게

젊어서는 시간이 무겁게 느껴지고 늙어서는 시간이 가볍게 느껴지는 것이 당연합니다. 그런데 어떤 이는 절 보고 왜 젊었을 때처럼 치열하게 살지 못하느냐고 채근합니다. 정작 자기는 치열하게 살지 못하면서 제가 대신 치열하게 살아주기를 바라는 것은 아닐까요.

박지성 선수가 축구에 바친 노력과 열정에는 전혀 관심이 없고 오로지 거액의 연봉과 인기에만 지대한 관심을 기울이는 젊은이여. 그대가 무엇을 선택해서 얼마나 열정을 바쳐 노력하느냐가 중요할 뿐, 아직 늦지 않았다는 말은 결코 사탕발림이 아닙니다.

가끔씩 이 세상 모든 신들이 내 편이 아니라는 생각이 들 때가 있지요. 하지만 그대의 힘이 소진해 버릴 때까지는 절대로 도와주지 않는 경우도 있지 않을까요. 그러는 편이 그대를 더 사랑하는 일이기 때문에.

잘못 걸렸다

외판원이 방바닥에 흙을 흩뿌려놓고는 호언장담했다. 할머니, 이 진공청소기로 1분 만에 흙을 다 빨아들이지 못하면 제가 직접 흙을 다 핥아 먹겠습니다. 그러자 할머니가 말했다. 어여 핥아 처먹어. 이 집은 요금미납으로 전기 끊어진 지 오래니께.

우리나라는 욕도 종류가 참 많습니다. 그리고 욕에도 묘법이 있습니다. 특히 욕쟁이 할머니들의 욕에는 대부분 크게 거부감을 느끼지 않습니다. 욕쟁이 할머니들은 상대편에 대한 애정을 욕 속에 은밀하게 배합시키는 해학 레시피를 터득하고 있음이 분명합니다.

우리 문학의 정서적 특성에 해당하는 해학, 풍자, 골계미 등의 묘미를 모르시는 분들은 가끔 제가 발설하는 '조낸' 따위의 요설조 단어에 지나친 거부감을 나타내 보이곤 합니다. 역겨우셨다면 죄송합니다, 도덕군자님. 하지만 욕으로 사용한 것이 아닙니다.

삑사리

사람이 돈보다 가치 있게 인식되는 시대는 언제쯤 도래할까요. 강도가 흉기를 들고 침입해서, 목숨이 아까우면 내 돈을 가져라, 하고 위협하는 시대. 그런 시대는 절대로 오지 않겠지요. 그래도 돈 때문에 사람이 목숨을 잃어야 하는 이 시대가 너무 슬픕니다.

없으면 목숨이 끊어지는 것들은 하나님께서 다 공짜로 주셨습니다. 공기, 물, 햇빛. 하지만 인간이 만들어낸 것들 중에서 없으면 목숨이 끊어질 정도는 아닌데도 조낸 비싼 것들이 있습니다. 보석, 자동차, 아파트. 하나님이 보시기엔 어떠실까요.

인생도 당구와 같아서 아무리 구력이 오래된 사람이라도 아주 사소한 실수 때문에 가끔씩 삑사리가 나곤 합니다. 어떤 경기에서 패배하더라도 앓아누울 정도로 상처받지는 마세요. 하나님은 언제나 그대의 편, 이겼더라면 더 나쁜 일이 생겼을지도 모릅니다.

같은 강물에 낚싯대를 드리워도 누구는 피라미를 낚고 누구는 세월을 낚습니다. 그대는 어느 강물에서 무엇을 낚시질하고 계시는지요.

묵살

라면을 끓일 도구가 없어서 생라면을 먹는 사람과 라면을 끓이기 귀찮아서 생라면을 먹는 사람을 똑같이 취급하면 안 된다. 그러나 때로 세인들은 보이는 현상만으로 두 사람을 똑같이 취급한다. 당연히 어느 한쪽의 억울함 따위도 묵살될 수밖에 없다.

서민들의 대표외식, 짜장면 짬뽕 삼겹살 냉면 값이 오른다고 한다. 음식값이 10번이나 뛰는 동안 원고료는 1번도 오르지 않았다. 올려야 할 건 내리고 내려야 할 건 올린다. 세상이 거꾸로 흘러가니까 복장도 뒤집어질 수밖에 없다. 부글부글.

누가 만들었을까, 라면. 내가 개고생하던 시절에 미리 만들어주셨으면 열흘씩 물배만 채우고 살지는 않았을 텐데. 제기럴. 지금은 몇 박스씩 쌓아두고 사는데도 죽이는 맛이네. 먹을 때마다 옛날이 생각나고 먹을 때마다 억울해지네. 때로는 목이 메이네.

세상에!

어떤 지인을 만났는데 일곱 살짜리 아들에 대한 얘기가 나왔다. 지난 크리스마스 때였단다. 자정이 훨씬 지나 버린 시계와 텅 비어 있는 양말을 확인한 다음, 일곱 살짜리 아들이 내뱉은 말이란다.
싼타 이 새끼, 어디 갔어!

사인회 도중에 쬐끄만 아이 둘이 줄을 비집고 들어와 사인을 해달라고 수첩을 내밀었다. 새치기였다. 몇 살이냐고 물었더니 여덟 살이라는 대답. 사인을 해주자, 서점이 떠나갈 지경으로 소리쳤다. 우와아, 진짜로, 꼰(꽃)노털 할아버지 사인 바다따아!

다목리에서 『장외인간』 출판기념회를 열었을 때였다. 나는 문명의 혜택을 충분히 받지 못하는 그 마을 아이들을 위해 천체망원경을 무려 세 대나 설치했다. 그리고 아이들에게 말했다. 이걸로 달을 아주 자세히 볼 수 있단다. 그러자 아이들은, 에이, 그냥도 아주 잘 보여요, 라고 말하고는 멀찍이 도망쳐버렸다.

그대 기억의 장에서 영원히 소멸된 이름은 아무것도 없다. 비 내리는 날, 그것들은 모두 되살아난다. 되살아나서 젖은 기억의 벌판, 절룩절룩 다리를 절름거리며 그대에게로 오고 있다.

술꾼의 자격

술꾼의 자격에 대해서 어떤 사람이 물었습니다. 안주 없이 깡소주를 병째로 나팔 불면 술꾼의 자격이 충분합니까. 술은 풍류입니다. 안주가 없는 깡술은 풍류가 아니라 객기나 궁상으로 전락할 가능성이 농후하지요. 그래서 자격미달입니다.

술을 즐길 수는 있으되 자제할 수가 없다면 그대는 진정한 술꾼이 아닙니다.

멸치 한 마리를 안주로 쐬주 한 병을 비워본 적이 없다면 그대는 아직 술꾼이 아닙니다.

밥을 제외한 모든 먹을거리가 안주로 보이지 않는 한 그대는 아직 술꾼이 아닙니다.

철이 덜 들었나 보다

어릴 때는 멋있다고 생각되는 것들이 모두 꿈이 된다. 하지만 나이 들어가면서 꿈은 점차로 줄어든다. 그리고 노인이 되면 아예 꿈조차 없어져 버린다. 그런데 나는 아직도 멋있는 것들만 보면 다 도전하고 싶어진다. 아직 철이 덜 들었나 보다.

할머니가 양치질을 하기 위해 틀니를 빼서 세면대에 놓았다. 이를 본 삼식이가 놀라움에 찬 목소리로 말했다. 할머니. 눈알도 꺼내봐.

맹수들은 새끼 때 놀이를 통해 생존의 비법을 터득한다. 어미가 깨물고 할퀴고 굴리면서 강인함을 체득케 만든다. 그러나 인간은 이제 어른이고 애들이고 놀이를 잃어버렸다. 마치 놀이를 공부의 반대말처럼 생각한다. 결국 아이들은 겁쟁이가 되고 말았다.

아픔과 눈물

오랜만에 환하게 웃으면서 솟구치는 해를 바라보고 있습니다. 너무 얼굴 보기 힘들어서 미끈한 마빡이라도 한 대 쥐어박아주고 싶은 심정입니다. 오랜 비에 잘 세척된 풍경들이 눈부신 해의 비늘을 털어내며 기지개를 켜고 있습니다.

그 누가 봄이 오는 기색을 감출 수가 있으리. 오늘은 서슬 푸른 꽃샘바람, 나무들 어깨를 움츠리고 먼 산을 바라보고 있네. 구제역이 지나간 마을, 외양간은 텅 비어 있고 소들의 울음소리도 끊어져버린 적막강산. 핏빛 침출수로 혼탁해진 개울물. 농가들은 모두 대문을 굳게 닫았네.

봄은 언제 훌쩍 사라져버렸느냐. 감성마을 소요봉에서 뻐꾸기 운다. 헌 사랑이 떠나면 새 사랑이 온다는 말도 있지만, 그대여 어찌하리. 들리는 모든 것이 아픔이 되고 보이는 모든 것이 눈물이 되는 것을.

4장

마른 가슴에 물 주기

지구는 멸망해도 그리움은 남는다

산들이 가부좌를 틀고 앉아 묵언참선에 빠져 있다. 계곡의 물소리 밤새도록 천상병 시인의 「귀천」을 암송하고 있다. 하늘 한복판 달마의 눈알 하나 휘영청 밝아 있다. 마당 가득 새하얗게 널려 있는 옥양목 빨래.

춘천에서 살 때였다. 귀천(歸天)의 시인, 천상병 선생님이 우리 집에 오셨다. 나는 선생님을 고문했던 사람들을 다시 만나면 무슨 말을 해주시겠느냐고 여쭈어보았다. 괜찮다, 괜찮다, 다 괜찮다. 선생님의 법문 같은 대답이었다. 왠지 가슴이 뭉클했다.

밥을 제외한 모든 음식이 술안주로 보이던 시절이 있었다. 지인들과 저녁을 먹는데 소주와 장어구이가 식탁에서 나를 보고 느끼한 목소리로 속삭였다. 꽃노털 작가님, 오랜만에 한잔 꺾으시지요. 하지만 내가 말했다. 중광 스님 부활하면 마실게.

하나님과 하느님

어떤 분이 제게 하나님이 맞느냐 하느님이 맞느냐를 물었습니다. 소나무, 솔낭구, 솔나무가 다 같은 나무입니다. 국산 하나님 외제 하나님이 다 같은 하나님이지요. 가르침을 실천하는 일이 중요하지 용어 따위가 중요할 리가 있겠습니까.

가끔 종교를 가지신 분들 중에, 가장 중요한 본질은 팽개쳐버리고 하찮은 지식의 껍질에만 한사코 집착하시는 분들이 계시지요. 괜찮습니다. 계란도 언젠가는 닭이 될 날이 있겠지요. 하지만 저는 그분이 제발 무정란이 아니기를 빕니다.

종교적 본질은 사랑입니다. 하지만 종교적 아집에 사로잡혀 있는 종교인들은 대부분 종교적 본질을 망각하고 있습니다. 양을 잡아서 고기는 버리고 가죽만 하나님께 바치는 격이지요. 결코 지혜로운 일이 아닙니다. 사랑이 발효되어야 솔로몬 같은 지혜를 발휘할 수가 있습니다.

언제나 내 편

어떤 일을 도모했는데 실패하고 말았을 때, 성공했으면 그대에게 큰 재앙이 되기 때문에 그런 결과가 초래되었다고 생각하십시오. 하나님은 기독교인들의 전유물이 아닙니다. 하나님이 그대를 보살피고 있다는 믿음, 그것보다 큰 빽은 우주 어디에도 존재하지 않습니다.

제가 반백년 하고도 십오 년 동안 세상을 비틀거리면서 살아보았기 때문에 드리는 말씀인데요. 아무리 겨울이 길어도 봄이 오지 않은 적은 없었습니다. 그럼요, 기다리다 보면 결국 그대 눈부신 인생의 봄도 언젠가는 도래하고야 말겠지요.

열등의 고치 속에 갇혀 있는 번데기는 하늘을 날아다닐 수 있는 미래가 자신을 기다리고 있다는 사실을 모릅니다. 오로지 '조낸 버티기'만이 그 사실을 깨닫게 만들어줍니다.

평생을 살아오는 동안 세상이 내 마음에 들었던 적이 몇 번이나 있었던가. 하지만 나는 세상을 바꾸는 일보다 나를 바꾸는 일이 중요하다는 생각을 했네. 수처작주(隨處作主). 우주 어디를 가든 내가 참주인이면 그뿐.

삼단 뱃살의 위력

　술담배 끊고 뱃살이 생겼습니다. 처음에는, 이른바 식스팩, 임금 왕(王) 자도 가능하지 않을까 생각했습니다. 하지만 운동을 하지 않으니까 가로줄만 생기고 세로줄이 생기지 않는군요. 지금은 걍 삼단 뱃살로 만족하면서 살고 있습니다.

　일류대학 출신도 못 되고요, 부모한테 물려받은 재산도 하나 없고요, 꽃미남 초콜릿 복근도 아니랍니다. 키높이구두에 깔창을 심어도 신장은 루저, 180에 못 미칩니다. 그래도 잘살면 반칙인가요.

　꽃미남 오빠들아, 푸헐. 헬스 좀 다니면 누구나 과시할 수 있는 초콜릿 복근 정도가 무에 그리 대단하단 말이냐. 기다려라. 이 꽃노털 옵파가 곧, 인생의 참맛이 그대로 드러나는 누룽지 골근으로, 그대들의 초콜릿 복근을 무색하게 만들어주리라.

실패보다 못한 성공

매사를 자기 입장만 생각하는 사람은 자기 딴에는 사회적으로 성공을 했다고 자처해도 진정한 성공으로는 평가할 만한 가치를 못 가진 경우가 대부분입니다. 왜냐하면 남을 배려하지 않는 사람의 성공이란 대개, 실패만도 못한 가치를 지닐 수밖에 없기 때문입니다.

성공한 이들을 비방하는 일로 자기 위안을 삼는 부류들은 발전과 성공을 기대하기 힘듭니다. 별다른 재능이나 열정도 없이 암울한 마음의 담벼락에 불만의 담쟁이넝쿨이나 무성하게 키우면서 언제나 자기우월감에 빠져 있으니, 대저 무엇을 밑천으로 성공에 이르겠습니까.

누군가 제게 물었습니다. 상대방을 배려하는 게 먼저입니까 나를 배려하는 게 먼저입니까. 제가 대답했습니다. 상대방을 배려하는 것이 곧 자신을 배려하는 것입니다.

모르는 것은 순박한 것이다. 아는 척만 안 하면.

그리움이 음식의 맛을 좌우한다

사랑은 미각을 바꿉니다. 음식 솜씨 빵점인 여자의 아들도 군대 갔을 때 가장 먹고 싶은 음식이 뭐냐고 물으면 '엄마가 해주는 집밥'이라고 대답합니다.

"장아찌는 그리움과 기다림으로 만들어진 음식입니다." 음식의 달인 산당 임지호 선생이 감성마을을 방문해서 제게 들려주신 말씀입니다. 어찌 장아찌뿐이겠습니까. 그 말씀이 맞다면 한국의 어머니들은 온 생애를 그리움과 기다림으로 보내셨을지도 모릅니다.

부모가 백발이 성성한 나이에 자식 걱정하는 것은 불합리한 처사입니다. 그 나이가 되면 자식이 부모를 걱정하는 것이 합리적입니다. 그런데 현실은 어떤가요. 세상의 모든 자식들은 제 밥벌이조차 힘들어졌습니다. 당신이나 내나 잘한 거 하나 없으니, 걍 닥치고 당장 전화!

그대 가슴 적시리

현상은 천변만화하고 진리는 영원불변한다. 그대는 무엇에 심취해 있는가.

음악이 없었다면 세상은 얼마나 삭막했을까. 비도 내리지 않고 꽃도 피지 않았으리. 한 소절의 음악이 한 포기의 꽃을 만들고 한 악장의 음악이 한나절의 비를 만드나니. 세상이 그대를 버려도 그것들은 그대를 버리지 않으리. 버리지 않고 그대 가슴 적시리.

그대가 지금까지 비가 내릴 때마다 시를 쓰고 싶은 충동보다는 술을 마시고 싶은 충동을 느끼는 것이 어찌 하늘의 잘못이겠는가.

거북이는 빠르면 불리하다

거북이는 물고기가 잠을 잘 때 눈치채지 못하도록 조심스럽게 접근한다. 그리고 꼬리지느러미와 가슴지느러미를 잘라먹는다. 추진력과 균형감각을 빼앗아버리면 그때부터는 거저먹기. 모든 것이 느리기 때문에 가능한 일이다.

거북이는 느린 것이 생존에 유리하고 물고기는 빠른 것이 생존에 유리하다. 이렇듯 모든 존재의 기준은 바로 존재 자신이니 서로 다른 것을 같은 관점으로 비교하는 일은 어리석다.

남생이는 느려야 먹고살기 편하고 물고기는 빨라야 먹고살기 편한 법이다. 하지만 남생이는 분주한 물고기가 딱해 보이고 물고기는 한가한 남생이가 딱해 보인다. 무엇이든 자기 쪽에서만 보면 반드시 못 보는 부분이 있기 마련이다.

품위

『햄릿』『오셀로』『리어왕』『로미오와 줄리엣』. 이 작품들은 어디를 찾아보아도 포크라는 단어와 나이프라는 단어가 등장하지 않는답니다. 셰익스피어 시대에는 누구나 손으로 음식을 먹었기 때문이랍니다. 믿지 못하는 사람 복도에 나가 손들고 있으세요.

아무도 안 볼 때 당신이 길바닥에 뱉어버린 것은 작은 꽁초 한 개비에 불과하지만 사실은 당신의 품위 전부를 길바닥에 팽개쳐버린 것입니다.

머리 나쁜 것은 죄가 되지 않아도 마음 나쁜 것은 죄가 됩니다. 그런데도 가정에서나 학교에서나 마음공부는 시키지 않고 죽어라 하고 머리공부만 시킵니다. 삼사 십이, 삼오 십오, 삼육 십팔!

지금 그대가 사랑하는 것들은 모두 언젠가는 그대 곁을 떠날 것이다. 아무것에도 집착하지 말라. 이 세상 그 어디를 가도 그대 곁에 영원히 머무르는 것은 존재하지 않으리니.

무엇이 만 생명을 주관하는가

인간은 어떤 경우에도 아름답지 않은 것은 사랑할 수가 없습니다. 당신은 어디가 아름다우신가요. 외형적인 아름다움에서 비롯되는 사랑은 육체적이며 본능적인 사랑에 가깝고 내면적 아름다움에서 비롯된 사랑은 정신적이며 본성적인 사랑에 가깝습니다.

태양빛이 전혀 미치지 않는 해저, 거기서 살아가는 생물들도 사진을 보면 나름 외모에 무척 신경을 쓴 흔적이 역력합니다. 아름다움이 만 생명을 주관하기 때문은 아닐까요.

봄 햇빛 아무리 눈부셔도, 향기 없는 꽃을 찾는 벌나비가 있겠습니까.

외모지상주의

지나칠 정도로 외모를 중시하는 시대가 도래했습니다. 오죽하면 안경 쓴 사람이 멋있어 보인다고 일부러 시력을 저하시키기 위해 여름 한낮에 태양을 똑바로 쳐다보는 바보들까지 생겨났겠습니까.

키가 작아서 고민하시는 분 계시나요. 걱정하지 마세요. 제가 살아봐서 아는데요. 인생은 기럭지로 사는 것이 아닙니다.

글쎄, 아가씨. 가슴이 커지기를 바라지 마시고 마음이 커지기를 바라는 것이 훨씬 아가씨를 매력적인 여자로 만들어드린다니까요.

총각. 자네는 물건 작은 걸 고민하지 말고 소견 좁은 걸 고민하시게.

길 가다 옷자락을 스쳐도 인연이라 하였으니, 살다가 꿈자락을 스쳤다면 사랑인 줄 아소서. 아무리 시대가 달라졌다 하여도 꿈도 없는 사랑을 어찌 사랑이라 하겠습니까.

포장지가 아름다운 것이야 탓할 바가 아니지만

어떤 된장녀가 말했다. 적어도 내 이상형은 꽃미남에 키는 180이 넘어야 하고 재벌 2세에 명문대졸, 2억 정도의 연봉을 받는 직장인에 아주 쿨한 성격을 가지고 있어야 해. 그러자 지나가던 개가 웃으면서 말했다. 실성한 남자가 그렇게 흔할까요.

여자의 예쁜 얼굴을 보면 설계자는 하나님이겠지만 시공자는 외과의 일지도 모른다는 생각을 하게 됩니다.

포장지가 아름다운 것이야 탓할 바가 아니지만, 중요한 것은 껍질이 아니라 알맹이입니다. 하지만 여자들은 자주 간과합니다. 정작 아름다워야 할 것은 자신의 외모가 아니라 자신의 마음이라는 사실을.

사람을 외모로만 평가하시는 분들이 계십니다. 밤송이를 겉만 보고 먹을 수 없는 과실이라고 판단하는 것과 무엇이 다를까요.

안목

단지 기어 다닌다는 공통점을 가졌다는 이유로 땅강아지와 장수거북을 동일시할 수는 없습니다. 민물에서 헤엄쳐 다닌다고 다 피라미는 아니고 바다에서 헤엄쳐 다닌다고 다 고래는 아니지요. 가끔은 자신의 안목도 정말 올바른지 의심해 볼 필요가 있지 않을까요.

남의 글을 앞뒤 문장 다 잘라버리고 한 부분만 지적해서 내용이 잘못되었다고 생트집을 잡는 사람들이 있습니다. 독해력 부족에서 오는 현상입니다. 그런 분들께는 한글을 판독할 줄 안다고 문학까지 판독할 줄 아는 것은 아니라는 말씀을 드리고 싶습니다.

사물과의 합일을 위해 명상은 필수적인 항목입니다. 가급적이면 표피적 사유를 심층적 사유로 전환토록 노력해야 합니다. 다들 심층적 사유를 생활화하고 계시겠지요. 표피적 사유 정도는 명상 아니잖아요. 그냥 잡념이지. 안 그래요.

술이 문제

술이 문제라고 생각하십니까. 저는 술이 문제가 되지는 않는다는 생각을 가지고 있습니다. 문제는 술이 아니라 술 속에 숨어 있는 개입니다. 술을 드시더라도 술 속에 숨어 있는 개만 끊으실 수 있다면 무슨 문제가 되겠습니까.

알코올중독에 걸려서 10년 넘게 개로 산 적이 있었습니다. 술을 끊기가 죽기보다 힘들었습니다. 술을 안 마시면 인생이 처참하고 황폐했습니다. 자살도 많이 생각했지요. 하지만 제 속에 있는 개를 끊었더니 술이 저절로 끊어졌습니다.

내 젊음을 설레게 만들던 아름다운 술 3종 세트. 입술, 예술, 깡술.

5장

손금 속으로 강이 흐르리

돌팔이 환자

말에도 껍질뿐인 말이 있고 뼈가 있는 말이 있지요. 그러나 사람에 따라서는 껍질뿐인 말을 뼈가 있는 말로 받아들이기도 하고 뼈가 있는 말을 껍질뿐인 말로 받아들이기도 합니다. 제가 비록 글쟁이기는 하지만 만인의 입맛을 다 맞출 수야 있겠습니까.

제 글이 그대에게 아무런 도움을 드리지 못했다면 일단 죄송합니다. 하지만 어떤 영약도 사용법을 모르시면 기대했던 효과를 거둘 수가 없습니다. 달여 마셔야 할 보약을 몸에 바르시고는 차도가 없다고 의원을 돌팔이 취급하는 환자들도 있는 법이거든요.

저는 이따금 문장의 생기와 탄력을 목적으로 신조어나 속어 따위를 사용하곤 합니다. 어떤 분들은 그러한 문장구사를 언어의 파괴 행위로 단정 짓기도 하지요. 하지만 푸헐, 저는 생기도 없고 탄력도 없는 문장구사가 언어의 박제 행위나 다름이 없다는 생각입니다.

그대가 아무리 막강한 힘을 가졌다 하더라도, 약자들에게 도움을 줄 수 없다면, 결국 그대는 추수가 다 끝난 벌판에 서 있는 허수아비나 다름이 없다.

글로 밤을 지새다

글을 쓸 때마다 스트레스가 켜켜이 쌓입니다. 안 쓸 때도 쌓이는 스트레스, 쓸 때는 오죽하겠습니까. 금주까지 했기 때문에 속수무책입니다. 그래서 노래방을 설치했지요. 이따금 제 맘대로 개사해서 부르기도 합니다. 니놈은 모르실 거야. 얼마나 답답했는지~

예순다섯 고갯길 넘는 동안, 가끔은 자갈밭에 엎어져 무르팍도 깨지고 가끔은 낭떠러지에 떨어져 갈비뼈도 부러졌습니다. 하지만 아직도 마음공부 미천해서 제가 쓰는 글들은 그대 영혼을 적시는 잠언으로 남지 못하고 오늘도 부질없이 날밤만 지샜습니다.

제가 쓴 책이라고 모두 명작은 아닙니다. 그중에는 그대를 전혀 감동시키지 못하는 라면 받침대도 있겠지요. 혹시 그런 책을 만나시거든 이번에는 다른 분을 위해서 밤을 새운 모양이라고 생각해 주세요.

대표작

절필하지 않은 작가에게 대표작이 무엇이냐고 묻는 일은 무의미하다. 대부분 '다음 작품'이라는 대답을 들을 수밖에 없기 때문이다.

지금까지 살아오는 동안 너무 많은 생명들에게 빚을 졌다. 감동적인 글을 쓸 때마다 빚이 조금이라도 탕감될 줄 알았다. 하지만 문학에는 우연과 로또가 존재하지 않는다. 털썩. 죽는 날까지 원고지에 영혼을 파묻고 혼신을 다해 글을 쓰는 수밖에 없다.

누구는 모든 길이 로마로 통한다고 말했지만 내게는 모든 길이 원고지로 통한다.

행복이 오기를 기다리는 사람보다 행복을 직접 만드는 방법을 익히는 사람이 행복을 끌어안을 가능성이 훨씬 높은 사람입니다.

쓰는 사람 읽는 사람

    길을 걷는 사람의 노고와 길을 만든 사람의 노고는 절대로 같을 수가 없습니다. 그런데도 항상 길을 만든 사람보다 길을 걷는 사람이 더 많은 불평불만을 늘어놓습니다. 여기에 글을 쓰는 사람과 글을 읽는 사람을 대입시켜도 크게 다를 바가 없다는 생각입니다.

    작가는 원고지에 낱말이라는 씨앗을 심어 문학이라는 논밭을 경작하는 일종의 농사꾼입니다. 곡식과 채소, 그리고 과일 따위를 마냥 먹기만 하고, 씨앗 한 톨도 정성들여 심어본 적이 없는 사람은 제가 쓴 글에 대해서 왈가왈부할 자격이 없습니다.

    한글을 판독할 줄 안다고 누구나 글맛을 아는 것은 아닙니다. 씨앗을 정성들여 심어본 적이 없는 자는 제 글에 대해서 왈가왈부할 자격이 없다는 말은 최소한 쓰는 자의 고통을 조금이라도 헤아린 자에게만 그 자격이 부여된다는 의미였습니다. 행간, 즐.

떡 한번 돌릴까요

그대는 언제 자신이 나이가 들었다는 사실을 절감하게 되나요. 저는 젊은 친구들과 노래방에 갔을 때, 제가 가장 자신 있게 부를 수 있는 노래가 목록에서 빠져 있다는 사실을 확인하는 순간, 비로소 제가 시대 밖으로 밀려난 노털임을 절감하게 됩니다.

제 노래에는 언제나 비가 내리거나 바람이 불거나 이별이 있거나 눈물이 있습니다. 한마디로 청승 그 자체입니다. 그래서 젊은이들하고 노래방에 가면 여지없이 흥을 깨뜨려버립니다. 물론 미안합니다. 하지만 어쩌겠습니까. 한평생 살아온 정서가 그러한 것을.

노래방 책에서 아는 노래 제목만 따로 뽑는 중입니다. 책 다 읽은 다음에는 책거리를 하듯, 아는 노래 다 부르고 나면 노래거리로 떡 한번 돌려야 하지 않을까요.

무엇을 보더라도 조화(調和)가 곧 아름다움임을 깨달을 일이다.

이런 사람은 대개 애인이 없다

평소에는 연락 한 번 없다가 아쉬운 일이 있을 때만 아는 척을 하는 사람들이 있습니다. 그런 분들께는 모든 친분이 일회용이지요. 그런 분들은 대개 애인이 없습니다. 생긴다 하더라도 오래가지는 못하지요. 하지만 대개 본인들은 모릅니다.

이 세상은 같은 것들끼리 모여 살기 마련입니다. 모래는 모래끼리 모여 살고 낙엽은 낙엽끼리 모여 삽니다. 언제나 기쁜 일 행복한 일만 생각하세요. 기쁜 일 행복한 일들만 생각하는 것이 기쁜 일 행복한 일들을 불러 모으는 비결입니다.

모름지기 지구상에서 사람이라는 이름으로 살아가는 동안, 곤경에 빠진 누군가를 도와주지는 못할망정, 자신의 이득을 위해 누군가를 곤경에 빠뜨리는 언행은 저지르지 말아야겠지요. 이것 하나만 지키고 살아도 사람으로서의 자격은 유지됩니다.

마음이 비뚤어지면 온 세상이 비뚤어져 보인다

옛날 어르신들은 물도 씹어 먹어야 탈이 없다고 아이들에게 가르치셨다. 나는 이 말을 글에도 적용하고 싶다. 글의 질감이나 묘미, 글쓴이의 의도를 음미하면서 글을 읽는 습관을 기르면, 남의 글을 읽고 개트림이나 연발하는 뻘짓은 하지 않을 것이다.

이상도 하지, 남들은 정상적으로 받아들이는 글들을 유독 자기만 곡해해서 농담은 진담으로 받아들이고 진담은 농담으로 받아들이는 사람들이 있다. 이해는 하겠다. 마음이 비뚤어지면 온 세상이 비뚤어져 보인다. 게다가 푸훨, 자기가 잘난 줄 안다.

음식도 씹지 않으면 소화불량에 걸리듯이 글도 음미하지 않으면 소화불량에 걸리게 된다. 수박 겉만 핥으면 수박을 먹은 것이 아니고 글도 겉만 핥으면 글을 읽은 것이 아니다.

전생

한 남자가 전생을 알기 위해 최면술사를 찾아갔습니다. 그리고 최면 상태에서 많은 사람들이 자신에게 절하는 모습과 한 여자가 격렬하게 춤추는 모습을 보았습니다. 그가 깨어나서 물었습니다. 저는 전생에 왕이었나요. 최면술사가 대답했습니다. 당신은 전생에 돼지머리였습니다.

외모가 아름다운 사람은 전생에 지구를 구한 사람의 배필이고, 마음이 아름다운 사람은 전생에 태양계를 구한 사람의 배필입니다. 그럼 전생에 우주를 구한 사람은 누구의 배필일까요. 정답은 바로 당신의 배필. 기분 좋으시라고 아부 한번 거하게 쏘았습니다.

집필실로 날아들어 날개를 쉬고 있는 나방 한 마리. 어쩌면 먼 시간의 강물을 건너온 전생의 내 사랑일지도 모릅니다. 새벽입니다. 날이 새지 않았으면 좋겠습니다.

대한민국은 학연공화국

예술에 전념하기 위해서 학업을 중단하겠다는 각오로 저를 찾아오는 고등학생들이 적지 않습니다. 하지만 예술에도 엄연한 갈등과 고통이 따르기 마련입니다. 학교가 주는 현실적 고통이나 갈등도 못 견디면서 예술이 주는 현실적 고통이나 갈등은 견딜 수가 있을까요.

학교를 중퇴하고 싶다는 젊은이들께 드리고 싶은 이외수의 충언. 대한민국은 예나 지금이나 학연공화국입니다. 저는 대학을 중퇴하는 바람에 3년이면 이룰 수 있었던 꿈을 30년이 지나서야 이룰 수 있었습니다.

서울의 초중고 학생들에 대한 체벌이 없어졌습니다. 앞으로 선생을 없애고 그 다음에 학교를 없애면 학생들은 행복해질 수 있을까요. 사실 무엇보다 먼저 없애야 할 것은 인성교육 부재의 성적 올리기식 학습방법이 아닐까요.

어느 도인이 깨달음을 얻었답시고 가부좌를 튼 모습으로 산꼭대기에만 앉아 있겠는가. 그가 진정으로 깨달았다면 산 아래 출발했던 그 자리로 다시 내려와 격 없이 세상과 어울려 살 일이네.

마누라

화장실에 갔더니 마누라가 청소를 하고 있다. 학창시절에는 무슨 잘못이 있으면 변소 청소를 했었다. 마누라는 무슨 잘못을 저질렀을까. 남편 하나 잘못 만난 죄로 저 나이까지 화장실 청소를 하는구나. 왠지 미안해서 마렵던 대변이 쑥 들어가버렸다.

결혼식을 뜻하는 wedding은 경마에 돈을 건다는 weddian에서 유래, 한때는 도박을 의미하는 단어로 사용되었다고 한다. 그러니까 나는 인생을 담보로 도박, 젊었을 때는 피박에 광박으로 캐관광을 당했고, 지금은 겨우 아들 둘에 마누라만 인생의 노름 밑천으로 남아 있다.

백수 시절에는 제발 출퇴근하는 모습 좀 보았으면 좋겠다더니 직장을 가지니까 집에만 붙어 있던 시절이 좋았다고 회상하던 마누라. 그때는 비위 맞추기 힘들다는 생각을 했었다. 그러나 지금은 알겠다. 여자의 모든 변덕은 사랑해 달라는 말과 동일하다. 쪼옥.

바다에 가고 싶지 않으십니까

바다를 보고 싶어. 점심을 먹다 말고 울 싸모님이 말했다. 가자. 내가 말했다. 내친 김에 백담사 계곡을 경유해서 한계령을 넘어 속초로 갔다. 봄은 아직 도착하지 않은 상태였다. 바다는 극심한 우울증에 빠져 있었다.

당신이 가장 사랑하는 사람이 전화로 지금 당장 바다에 가지 않으면 미쳐버릴 것 같다고 말한다. 그러나 당신은 근무 중이다. 어떻게 하겠는가.

하늘과 바다와 산과 강과 숲들을 보라. 그것들은 자신의 가슴 안에 많은 목숨들을 키운다. 사람 중에서도 하늘과 바다와 산과 강과 숲들처럼 자기의 가슴 안에 많은 목숨들을 키우는 존재들이 있다. 우리는 그 존재들을 시인이라고 부른다.

인생의 동반자

혼자 맛있는 음식을 먹을 때, 혼자 멋진 경치를 구경할 때, 혼자 감동적인 영화를 감상할 때, 마누라 생각을 합니다. 하지만 정작 마누라는 음식도, 경치도, 영화도, 다른 취향입니다. 그래도 저는 어디든 데리고 다닙니다. 문자 그대로 동반자니까요.

차례를 지내고 떡국을 먹었습니다. 하지만 나이는 안 먹었습니다. 아들과 며느리 조카들한테 세배를 받고 아내가 세뱃돈을 뿌렸습니다. 봉투가 얇은 걸 보니 액수가 별로인 것 같았습니다. 그중에 '꽝'이라고 쓰인 종이가 들어 있지나 않을까 걱정했습니다.

저는 밖에서 음식을 먹으면 반드시 바지에 음식을 흘리는 버릇이 있습니다. 집에 돌아와 마누라한테 미안해 또 더럽혔어, 라고 말하면 마누라 왈, 잘했어 여보, 그래야 세탁소도 먹고살지, 라고 말합니다. 그럴 때마다 장가 하나는 잘 갔다는 생각이 듭니다.

사과

한밤중에 걸려온 전화. 받았더니 대뜸 욕부터 퍼부어 댄다. 목소리에 술냄새가 섞여 있다. 누구시냐고 물었더니 넌 뭐 하는 쉐퀴냐고 반문한다. 내가 누군지 밝혔더니 잘못 걸었네, 라는 말만 남기고 전화는 뚝이다. 너님아, 사과는 잼 만들어 먹었니?

버스 기사와 승객 사이에 격한 말다툼이 벌어졌다. 분을 참지 못한 승객이 버스 기사에게 악담을 퍼부었다. 평생 버스 기사나 해 처먹어라. 그러자 버스 기사가 질세라 받아쳤다. 평생 버스나 타고 다녀라.

실수를 저지른 사람이 사과는 하지 않고 변명만 일삼는 소치는, 때로 방귀를 감추려고 설사를 보여주는 결과를 초래하기도 한다.

부끄럽고 아픈 시간

알코올중독 시절, 집에서 마시고도 대취하면 한사코 일어서면서 마담 여기 얼마요. 마누라 왈, 어차피 외상하실 거면서, 서비스니까 그냥 가세요. 자리에서 일어서는 순간, 필름 끊어지고 모든 방이 화장실. 내 젊은 날은 왜 그토록 처절하고 참담했을까.

김치찌개, 생선조림, 삼겹살 따위가 아직도 반찬으로 보이지 않고 안주로 보인다. 술이 덜 끊어진 것 같다. 쩝.

젊었을 때는 모든 현상과 존재들이 다 술을 마시게 만드는 구실이 된다. 날씨가 흐리면 날씨가 흐려서 술 생각, 날씨가 맑으면 날씨가 맑아서 술 생각. 마침내 나는 습관성 알코올중독에 빠져버린 자학의 개가 되었다. 돌아보면 눈물 난다, 부끄럽고 아픈 시간들.

6장

배만 채우지 말고 뇌도 채웁시다

새벽 잔상

새벽이다. 억수 같은 소낙비 쏟아지더니 계곡의 물소리 갑자기 높아졌다. 세상은 위태롭게 기울고 사람들은 저마다 귀머거리로 살아가나니, 목메어 외치는 계곡 물소리 하늘에 닿을 날 언제인가. 창을 여니 세상의 모든 길이 칠흑 같은 어둠으로 막혀 있다.

새벽까지 잠이 오지 않는다. 창문을 연다. 얼음물같이 싸늘한 바람 한 양동이, 왈칵 가슴을 밀치고 들어와 방바닥에 엎질러진다. 순식간에 뼈들이 얼어붙는다. 무슨 한이 서렸을까, 먼 산머리 조각달 서슬 푸른 비수로 꽂혀 있다.

미혼 남녀가 새벽까지 잠을 못 자면 결혼할 나이가 되었다는 뜻이고 기혼 남녀가 새벽까지 잠을 못 자면 인생이 허무하다는 뜻이다. 그리고 환갑 지난 노인이 새벽까지 잠을 못 자면 쿨럭, 인류의 장래를 걱정하고 있다는 뜻이다. 푸헐.

한 줄의 문장은 한 줄의 생물이다.

어릴 때는 다 믿었네

중학교 때였다. 소풍 가는 날은 어김없이 비가 내렸다. 학부형들은 교장선생의 성질이 더러워서 생기는 현상이라고 말했다. 그러나 어떤 학부형은, 학교 신축 당시 인부들이, 불도저로 용이 될 이무기의 허리를 잘라버렸기 때문에 생긴 현상이라고 말했다.

나는 국민학교 때부터 전학을 여러 번 다녔는데, 소문이 사실이라면, 대부분의 국민학교 운동장에는 용이 될 이무기가 숨어 있었고, 인부들이 불도저로 허리를 절단냈고, 소풍을 갈 때마다 비가 내린다는 공통점을 가지고 있었다.

가끔 UFO를 목격하고 사람들에게 말해 주면 믿지 않는다. 자기 눈으로 직접 목격하지 않으면 절대로 일어날 수 없는 현상으로 간주하는 사람들이 있다. 심지어 어떤 사람은 자기 눈으로 직접 목격한 사실조차도 믿지 못한다.

진짜 친구냐

내가 눈코 뜰 새 없이 바쁘다는 말을 했더니 눈을 뜨는 건 납득이 가는데 코를 뜨는 건 납득이 가지 않는다고 말하는 친구놈이 있었습니다. 술자리에 끼면 반드시 싸움이 일어났습니다. 지금은 어디서 무얼 하며 살고 있을까요. 따지기 좋아해서 불편했던 놈.

우리가 남이냐, 라고 말하는 친구놈 치고 위급할 때 곁에 있었던 적이 한 번도 없는 걸 보면 그놈은 분명 남이었습니다.

춘천 시절, 다방에 앉아서 약속 시간이 지나도록 오지 않는 친구놈을 기다리다 탁자 위에 성냥개비로 쓴 글자들. ILL HV HL. 반대편에서 보아야 제대로 판독됩니다.

울지 마라. 인생은 그럴 때도 있는 법이다. 가을이 끝나면 긴 울음 남긴 채 빙판 같은 하늘을 가로질러 제 모습 지우고 떠나는 기러기떼. 새들도 제 살 땅이 어딘지를 알고 있다. 나무들도 아픈 기억을 한 잎씩 떨구어 제 시린 발등을 덮는다.

그놈의 정 때문에

대내외적으로 나와는 절친한 친구임을 자처하는 놈들은 대개 나로 하여금 포기와 용서를 터득하게 만드는 스승이다. 내가 어려움에 처해 있을 때마다 놈들은 무슨 이유에 의해서건 내 곁에 없다는 공통점을 드러내 보인다.

한국 사람은 내일 당장 만날 수 있는 친구지간인데도 헤어져야 할 때는 시간이 오래 걸린다. 그래서, 그놈의 정 때문에, 라는 말을 입에 매달고 살아간다.

자, 오늘은 친구놈이 경영하는 음식점에 온 가족을 데리고 가서 제일 비싼 음식을 무지막지하게 팔아주겠다, 라는 결심으로 출동해 보면 출입문에 내걸려 있는 팻말 '내부 수리 중입니다.' 친구야, 난 정말 본의 아니게 평생 도움이 안 되는 놈이라니까.

괜한 허세

굳이 존재가치를 논하자면 이 세상에 쓸모없는 존재가 어디 있겠습니까. 하지만 논에서는 피가 잡초고 밭에서는 쇠비름이 잡초지요. 농사꾼 입장은 생각지도 않고 잡초도 목숨이니 어쩌니 허세무쌍한 자비심을 보이는 분들이 계십니다. 쩝 소리가 절로 납니다.

베토벤의 악보를 판독할 수 없거나 연주할 수 없다면 연주자의 부족함 때문이지 베토벤의 부족함 때문은 아닙니다. 그런데도 피아노를 산 지 1년이 넘도록 연습곡 하나 제대로 치지 못하는 실력으로 작곡가나 피아노를 비난한다면 정말 허세 돋는 일 아닙니까.

날파리 한 마리가 사자의 머리 위에 내려앉아 터럭 한 올을 움켜잡고 소리쳤습니다. 내가 혼자서 맨손으로 사자 한 마리를 생포했다아. 솜털까지 오그라들게 만드는 허세입니다. 하지만 인간도 가끔 간이 배 밖으로 나오면 저럴 때가 있습지요. 캑.

도대체 무슨 죄

하나님. 뱀은 아담과 이브를 유혹해서 선악과를 따먹게 만들었기 때문에 배로 땅바닥을 기어 다니는 형벌을 내리셨다지만 달팽이나 지렁이는 도대체 무슨 죄를 지었나요.

하늘이 비를 쏟아 부을 준비를 하고 있습니다. 암회색 구름이 낮게 드리워져 있습니다. 이따금 불만에 가득 찬 소리로 천둥이 크르렁거리고 있습니다. 하늘이 성질내면 죄 없고 돈 없고 빽 없는 서민들만 개피 본다는 사실을 아직 하나님은 모르시는 것 같습니다.

인류 최초의 시험은 선악과. 사탄이 오답을 가르쳐주었고 이브가 물귀신 작전으로 아담까지 끌어들였습니다. 사탄에게 속을 거라는 사실쯤 전지전능하신 하나님이 모르셨을 리가 없는데 왜 그런 문제를 내고 후손들까지 벌을 받게 하실까요.

만물의 영장

느티나무는 서른 살 정도면 수많은 벌레들과 새들과 동물들의 보금자리가 됩니다. 그러나 사람은 서른 살이 넘어도 셋방살이 면하기가 힘든 실정입니다. 이럴 때는 사람이라는 사실이 다소 쪽팔립니다. 어휴, 허세 한번 쩔지 않습니까, 만물의 영장!

채널링 초기 때 달친구에게 물었습니다. 당신들이 알고 있는 지구인의 특성은 무엇인가. 달친구가 대답했습니다. 안 해도 될 걱정을 만들어서 하는 것이다. 그 순간, 저는 화끈한 쪽팔림을 느꼈습니다.

남을 죽여야 당신이 산다는 미신을 버리십시오. 그건 정글의 법칙입니다. 그리고 정글의 법칙은 짐승들에게나 적용되는 법칙입니다. 당신은 지구상에서 유일하게 만물을 사랑할 수 있는 가슴을 가진 인간, 바로 그 이름도 거룩한 만물의 영장입니다.

　시인에게는 만 존재가 시흥의 근원이고, 술꾼에게는 만 존재가 취흥의 근원이다. 그러나 한쪽은 흥에 겨우면 시선(詩仙)의 경지에 들고, 한쪽은 흥에 겨우면 가축의 경지에 든다. 아아, 나무관세음보살.

그리움

조금 전 등짝이 가려워서 효자손으로 긁다가 왠지 개운치 않은 느낌을 받았습니다. 순간, 아내의 손길이 와락 그리워졌습니다. 거참, 그리움은 때로 가슴으로 밀려들지 않고 등짝으로 밀려들 수도 있다는 사실을 오늘에서야 깨달았습니다.

나무에게 물었습니다. 가을이 되면 이파리를 아름답게 물들이는 이유가 무엇이냐. 나무가 대답했습니다. 우리에게도 그리움이 있기 때문입니다.

봄에 피는 꽃들은 한겨울 혹한 속에서 간절히 햇빛을 그리워했기 때문에 눈부신 자태로 방글거리고, 가을에 피는 꽃들은 한여름 혹서 속에서 간절히 바람을 그리워했기 때문에 목이 긴 자태로 하늘거립니다. 과학이 아니라고 태클을 걸면 그대가 바로 청맹과니.

인내심의 유통기한

저는 성인군자가 아닙니다. 저잣거리에서 흔히 만날 수 있는 시정잡배에 불과합니다. 따라서 모함과 비방에 대한 저의 인내심은 유통기한이 매우 짧습니다. 모함과 비방에 대해 초연하신 대인배들은 부디 양지해 주시기를.

화가 나면 화를 냅니다. 정도에 따라서는 입에 걸레를 물고 욕설도 불사합니다. 하지만 가급적이면 30분 이내로 잊어버리고 맙니다. 제 나름대로의 용서법입니다.

이따금 땅바닥을 기어 다니는 작은 목숨 하나에게도 부끄러움을 느낄 때가 있습니다. 그럴 때는 괜히 사람으로 태어났다는 생각이 들기도 합니다. 죄송합니다. 마음공부 열심히 하겠습니다.

기다림이 다해서 꽃으로 피어납니다.

담배를 이기다

어떤 일을 끝내고 나서도 언제나 완결을 짓지 못한 것 같은 아쉬움 한 모금. 자세히 생각해 보면 담배로 마무리를 짓던 습관이 남아서 생기는 아쉬움입니다. 하지만 저는 의지의 한국인. 담배 생각날 때마다 담배 끊습니다. 수천만 번이라도.

폐쇄성폐질환 예방협회 홍보대사로 위촉되기 전에 먼저 건강검진을 받은 적이 있습니다. 정상적인 폐기능을 그랜저 엔진에 비유한다면 제 폐기능은 엑셀 엔진. 생명 유지에는 큰 지장이 없는 상태. 그나마 담배를 끊은 덕분이랍니다. 폐차 상태가 아니어서 천만다행.

담배도 이기지 못하는데 세상은 어찌 이길 수 있겠습니까. 만약 그대가 금연에 성공하신다면 인간이 담배보다 우월한 존재라는 사실을 입증하는 것이 되지만 만약 그대가 금연에 실패하신다면 인간이 담배만도 못한 존재라는 사실을 입증하는 것이 됩니다. 필승!

가슴 떨리는 이름

오랜 독자에게서 문자가 왔습니다. 선생님 사랑해요, 아프지 마세요. 역시 문자로 답장 보냈습니다. 이름 하나가 아픔 하난데 어떻게 안 아프고 사누.

빗소리가 높아지고 있습니다. 불현듯 시간의 지층 깊이 매몰되어 있던 이름들이 떠오릅니다. 하지만 가급적이면 빗소리에 귀를 기울이지 말아야 합니다. 그리움에 빗소리를 더하면 상처만 깊어지기 마련이니까요.

젊은 시절. 종일토록 방황하다 한밤중에야 자취방으로 돌아왔을 때, 문틈에 끼워져 있는 편지 한 통. 발신자가 여자입니다. 하지만 생경한 이름. 저는 놀빛으로 물드는 가슴을 가까스로 억제하며 편지를 읽습니다. 이 편지는 1876년 영국으로부터 시작되어……

나이 먹기

마흔 살이 될 때까지는 매해 한 살씩 1.2.3.4.5 순으로 나이를 먹습니다. 그러나 마흔 살이 지나면 매해 두 살씩 2.4.6.8.10 순으로 나이를 먹습니다. 저는 물론 매해 한 살씩 65.64.63.62.61 순으로 나이를 먹습니다.

환갑이 훨씬 지난 나이까지 살아보았지만 사람 사는 세상은 단 하루도 조용했던 적이 없습니다. 나무들은 무슨 재주로 한자리에 붙박여 저토록 의연하게 살아갈 수 있는 것일까요. 아름다운 꽃을 피우고 향기로운 열매까지 맺으면서. 생각할수록 쪽팔립니다.

나이 들어갈수록 세상을 따뜻한 눈으로 바라보고 싶지만 가끔 정강이를 걷어차주고 싶을 정도로 비열한 인간들을 만나게 되면 순식간에 가슴이 냉각되고 맙니다. 역시 제 공부는 아직 멀었습니다.

동반자의 기를 죽이지 말라

가까운 길을 편히 가려면 혼자 가야 하고 먼 길을 편히 가려면 함께 가야 한다는 말이 있습니다. 인생은 먼 길 가기입니다. 그래서 사람들은 결혼을 하는 것이겠지요.

제자 하나가 장가를 가서 주례를 섰습니다. 아내든 남편이든 집안에서 기가 죽어버리면 집 바깥에 나가서도 기가 죽어버리기 마련이니 서로를 기죽이지 말고 살라고 주례사를 해주었습니다.

신혼을 깨가 쏟아지는 기간이라고 표현합니다. 하지만 3년만 지나면 깨가 모래로 변하는 부부들이 많습니다. 미혼 남녀들께 묻고 싶습니다. 깨가 모래로 변하면 어떻게 하실지 생각해 보신 적 있나요.

무서븐 울 마누라

키우는 진돗개가 마을에 내려가 닭 20마리를 물어 죽였다. 아내가 병원에 있을 때였다. 전화를 걸어 자초지종을 말해 주었다. 그러자 울 싸모님 왈, 닭이 개 물어 죽였다면 몰라도 개가 닭 물어 죽인 건 사건도 아니우. 닭값 물어주고 개 묶어두세요.

참, 이상도 하지. 내가 아무리 찾아도 눈에 뜨이지 않던 물건들이, 마누라만 출동하면 천연덕스럽게 모습을 드러낸다. 제기럴.

장날이 되면 마누라하고 장보러 다니는 일이 재미있다. 그런데 시골 할머니들이 바구니에 담아서 팔고 있는 강아지들, 으헝, 너무 귀여워서 그냥 지나칠 수가 없다. 하지만 마누라의 가시 돋친 한 마디, 개똥 즐거운 마음으로 치울 자신 없으면 곧장 가세요.

7장

엉덩이로 버티기

세상에는 영원하면 안 되는 것들도 있다

나는 겨울에 입대했다. 훈련소에서 장갑을 지급받았는데 왼쪽 장갑만 두 짝이었다. 조교에게 바꿔달라고 했다가 군대가 느이집 안방이냐는 말과 함께 피떡이 되도록 얻어 터졌다. 훈련이 끝날 때까지 그 장갑으로 지내야 했다. 치떨리는 추억의 군대.

나는 제대하고 나서도 10년 동안 재입대하는 꿈을 꾸어야 했다. 그러니까 대한민국 남자들의 복무연한은 10년인 셈이다. 내 생애 가장 어둡고 불길하고 공포스러운 악몽. 하지만 군대에서 얻은 인내를 바탕으로 비굴하지 않은 인생을 살아갈 수 있었다.

인근 부대의 군인들이 구보로 집필실 앞을 지나가면서 외치는 구령 소리. 내가 제대한 지 40년이 훨씬 지났는데도 아직 군대는 없어지지 않았다. 갑자기 가슴이 먹먹해진다.

진실로 그리움이 극에 달하면 천 리 바깥 새벽 풀섶 헤치며 님 오시는 발자국 소리도 들을 수 있는 법이지요.

결례

사사건건 남의 일에 시비를 거는 분들이 계십니다. 어찌 사시는 분인가 궁금해서 알아보면 자기 치다꺼리조차 제대로 못하는 경우가 대부분입니다. 젊었을 때로 끝냈으면 좋겠는데 이런 분들일수록 대개 세 살 버릇 여든까지 간다는 속담을 증명하고야 맙니다.

남이 저술한 책을 제게 내밀면서 사인해 달라고 하는 독자는 저를 아연하게 만듭니다. 남이 저술한 책에 제가 사인을 하는 행위는 결례를 넘어선 만행입니다. 차라리 겉옷을 벗고 셔츠 입은 모습으로 등을 내미는 독자가 훨씬 센스 있어 보입니다.

그대가 아무리 박학다식한 존재라 하더라도 남의 잘못을 지적하기 전에, 혹시 그대가 잘못 알고 있는 것이나 아닐까, 그래도 그대보다는 약간 더 박학다식한 그대 친구 네이버에게 물어라도 보시는 게 순서가 아닐까요. 무조건 들이대는 건 일종의 행패입니다.

악당의 최후

타인의 실수나 실패에 조롱과 질타를 던지면서 은근히 자신의 우월성을 표출하시는 분들이 있지요. 그분들은 대개 털어보면 불알 두 쪽도 변변치 못한 처지입니다. 용서하세요. 그분들은 자신의 존재 자체가 실패 아니면 민폐라는 사실조차 모르고 있으니까요.

악당들은 대개 발등에 불이 떨어지기 전에는 자신에게 닥칠 심각성을 모르는 법이지요. 그래서 계속 악행을 일삼습니다. 하지만 발등에 불이 떨어지면 그때는 수습할 길이 없습니다. 발악은 알아도 반성은 모르기 때문에 결국 악당들은 자멸하게 되지요.

인생을 살다 보면 남에게 속는 경우보다 자신에게 속는 경우가 훨씬 더 많습니다. 그런데도 우리는 자기를 원망할 때보다 남을 원망할 때가 훨씬 더 많습니다. 아상(我相) 때문에 진정한 자기가 안 보이기 때문이지요.

왜 그랬을까

목사님을 태우고 가던 총알택시. 사고로 천국에 도착했다. 그런데 하나님께서 택시 운전수한테만 상을 듬뿍 주신다. 목사님 화가 나서 따졌다. 그러자 하나님 왈, 이놈아, 너는 찾아오는 사람마다 나를 팔아서 돈벌이나 하는 게 고작이었지만, 총알택시 운전수는 어떤 악당이라도 타기만 하면 나한테 간절히 기도하도록 만들었잖아.

어떤 종교를 가졌을 때, 베풀라는 말보다 바치라는 말을 많이 하면 사이비입니다. 빨리 탈출하시는 편이 신상에 이롭습니다. 아멘.

달마가 짚세기 한 짝을 걸머지고 히말라야로 들어간 뜻을 아십니까. 믿지는 않으시겠지만, 한마디로 말씀드리지요. 그대 한번 안아드리고 싶어서입니다.

우주를 향한 교신

가을이 대문 밖에서 여름이 떠나기를 기다리고 있습니다. 하지만 여름은 문설주를 부여잡고 마지막 발악을 합니다. 그래도 결국 떠나게 되겠지요. 석 달 열흘 텅 빈 내 가슴, 추적추적 빗소리로 오시던 그대. 가을이 오면 어디서 무얼 하며 지내실 건가요.

매미가 열심히 태양을 향해 교신을 보내다 어디론가 사라져버리고 언제부터인가 귀뚜라미가 나타나 열심히 달을 향해 교신을 보내고 있습니다. 저는 사춘기 때부터 외롭다고 외롭다고 끊임없이 우주를 향해 교신을 보내고 있지만 지금까지 아무런 응답이 없습니다.

마당에 생금물처럼 엎질러져 있는 초가을 햇빛. 그 속에 가만히 누워 있으면 그대 사랑할 때처럼 혈관 속이 환하게 밝아오겠네.

차 한 잔이 마음 한 잔.

뚝배기 사랑

돈 때문에 만나는 인연은 머리를 앞세우게 되지만 정 때문에 만나는 인연은 가슴을 앞세우게 됩니다. 돈 때문에 만나는 인연은 잘 모셔도 깨지기 쉬운 유리컵 인연이고 정 때문에 만나는 인연은 막 굴려도 잘 안 깨지는 뚝배기 인연입니다.

비싼 음식을 먹는다고 잘 먹는 것은 아닙니다. 먹고 싶은 음식을 먹어야 잘 먹는 것입니다. 돈 많은 사람과 결혼을 해야 행복해지는 것이 아닙니다. 사랑하는 사람과 결혼을 해야 행복해집니다. 하지만 사람들은 알면서도 자꾸만 헛다리를 짚습니다.

사랑이 밥 먹여주느냐고 묻는 분들이 계십니다. 밥 먹기 위해서 사랑하는 거 아니라고 대답해 드리고 싶습니다. 메롱.

3류의 조건

그대가 아무리 학벌이 높고 두뇌가 명석해도 깨달음을 얻지 못했다면 자중하라. 그대의 지식은 작은 모래알 한 톨에 불과할지도 모른다. 허나 모래알 하나로 만 우주를 통달할 수도 있나니, 이는 불립문자(不立文字)라 말이나 글로는 도저히 전달할 방도가 없음을 명심하라.

어떤 분야에서 일하든지 그대가 진실로 성공하고 싶다면, 어중간, 건성, 겉핥기, 대충, 대강 등의 단어들과 친하게 지내지 말라. 그것들은 그대를 3류에 머물도록 만들기에 적합한 단어들이다.

실패라는 놈은 기특하게도, 성공은 하고 싶은데 노력은 하기 싫은 사람을, 끈질기게 쫓아다닌다.

취향도 취향 나름

아저씨. 녹차에 설탕을 타 마시는 아저씨의 창의적 취향 정도는 존중해 드리겠습니다. 하지만 자신의 유별난 취향은 존중받기를 원하면서 왜 타인의 일반적 취향은 존중해 주시지 않는지요.

세상에는 이외수의 글이 자기 취향과 다르다고 이외수를 쓸모없는 인간으로 매도하는 사람들도 있지요. 솔방울을 먹을 수 없다고 소나무를 쓸모없는 나무라고 말하는 것과 무엇이 다르겠습니까. 저들이 그러거나 말거나 저는 분골쇄신, 날마다 글을 쓰겠습니다.

우리는 지구에서 하나의 달을 보고 있기는 하지만, 감성의 차이 때문에, 당신이 보고 있는 달과 내가 보고 있는 달이, 같은 달이라고 말하기는 어렵습니다.

순종 불가

세상에는 자신의 비굴함을 착함으로 위장하는 사람들이 많다. 이런 사람들은 대개 어떤 문제를 해결하기 위해 발 벗고 나서지는 않고 말로만 착한 척을 도맡아서 한다. 하지만 착한 척하는 것은 차라리 노골적으로 나쁜 척하는 것만 못할 때가 많다.

때로 현실은 우리에게 먹고살기 위한 목적 하나로 이 세상을 살아가도록 종용한다. 그러나 현실의 노예가 되고 싶지 않다면 절대로 현실에 순종하지 말라. 순종하는 순간 그대는 자신도 모르는 사이 체내에 꿈을 제거 당한 노예 로봇의 유전자를 소유하게 되리라.

그대가 세상을 끌고 가지는 못할지언정 그대가 세상에 끌려 다니지는 말아야 하지 않겠는가.

현미경으로 고흐의 그림을 들여다본다고 감상력이 확대되는 것은 아니다.

해학종결자

금세기 최고의 해학종결자 전유성 씨. 전화 상담원의 "고객님 사랑합니다"라는 멘트가 끝나기 바쁘게 묻는 버릇이 있습니다. 언제 봤다고?

오래전 북한이 서울을 불바다로 만들어버리겠다고 협박성 개구라를 피운 적이 있습니다. 어느 기관에 계시는 분이 전유성에게 대처방안을 물었습니다. 전유성이 말했습니다. "간단해요, 니미뽕이다라고 응수하세요." 조언대로 했다면 정말 통쾌했을 텐데요.

전유성이 말해 준 어느 보신탕집의 기발한 간판 — 지난밤 효과 보신탕집.

처녀 뱃사공

가족이 격렬하게 반대해서 너와의 결혼은 성사되기 힘들 것 같아. 그놈이 말했다. 그녀가 발끈해서 물었다. 누가 반대하는 거야. 엄마야 아빠야. 그놈이 기어드는 목소리로 대답했다. 마누라지 누구겠어.

방금 승선한 사내가 처녀 뱃사공에게 말했다. 내가 자네의 배에 올라탔으니 이제 자네는 내 여편네가 되었네. 기분이 몹시 상했지만 아무 대꾸도 없이 배를 건너준 처녀 뱃사공. 내리는 사내에게 말했다. 너는 내 배에서 나갔으니 이제부터 내 아들놈이다.

여고생이 밤늦게 집으로 가고 있는데 어떤 남학생이 뒤를 미행하고 있다. 때마침 골목길에서 마주친 낯선 아주머니. 여고생은 반가운 목소리로 "엄마, 왜 밖에 나와 있어"라고 말했다. 그때 뒤따라오던 남학생, "엄마, 이 폭탄은 누구야?"

이외수식 우리 민요 해제

— 도라지

    도라지 도라지 백도라지 심심 산천에 백도라지
    한두 뿌리만 캐어도 대바구니 철철철 다 넘는다
    에헤요 에헤요 에헤요 에야라 난다 지화자 좋다
    얼씨구 좋구나 내 사랑아

도를 알라지, 도를 알라지. 깊고 깊은 백의민족의 도를 알라지. 마음 속 깊은 곳에 숨어 있는 백의민족의 도를 알라지. 한두 깨달음만 캐어도 마음의 대바구니가 처리 철철 넘는구나.

— 아리랑

    아리랑 아리랑 아라리요 아리랑 고개로 넘어간다
    나를 버리고 가시는 님은 십 리도 못 가서 발병 난다

    알리라 알리라 알고야 말리라. 아리랑(알음앓이) 고개로 넘어간다. (모든 도는 자신 안에 있음으로) 나를(자신을) 버리고 가시는 님은 십 리도 못 가서 발병(탈) 난다.

콩깍지 현상

왕성한 번식을 위해 뇌에서 화학물질을 배출, 눈이 멀게 만드는 콩깍지 현상은 유통기한 3년. 3년 후면 화학물질의 공급이 중단되고 '내가 미쳤지' 상태로 전환된다고 한다. 한마디로 콩깍지 사랑은 착각 사랑. 하지만 지금 당신의 사랑은 부디 진실하기를.

실연으로 고통받고 있을 때, 세상에 남자가 그놈 하나뿐이냐, 또는 길바닥에 널린 게 여자다, 하는 충언 따위는 아무런 도움을 주지 못한다. 과학자들이 말하는 이 콩깍지 현상은 최소한 3년 정도가 지나야 자동으로 해소된다. 오로지 세월만이 약일 뿐이다.

어떤 여성지 기자가 여자들의 반바지가 짧아지는 현상에 대해서 어떻게 생각하느냐고 내게 물었다. 나는 짤막하게 대답했다. 고맙게 생각합니다.

세상에 사랑 아닌 것이 어디 있으랴

남김없이 열정을 불사르고 가을바람에 흩어져가는 저 나뭇잎처럼 우리도 이별할 때는 한없이 가벼워지기.

대중가요 깔보지 마라. 사람은 사랑을 통해서 인생을 깨닫게 되는 것이 아니라 이별을 통해서 인생을 깨닫게 되는 것이다. 실연해 보면 가사마다 구구절절 그대 가슴 저리게 만들리라.

이별 한 번에 나이 열 살.

금 간 콘크리트 사이에서도 풀꽃들은 저토록 눈부시게 피어나는데, 그대 가슴 얼마나 척박하기에, 이 봄이 다 가도록 시 한 줄을 꽃피우지 못하는가.

비만이 죄인가요

여고생들이 학급에 최신형 체중계를 비치했다. 말로 체중을 알려주는 체중계였다. 체형이 평범한 학생이 올라갔다. 체중계가 "당신의 체중은 50킬로그램입니다"라고 말했다. 뚱뚱한 학생이 올라갔다. 체중계가 말했다. "한 사람씩 측정하세요."

수많은 여자들이 살을 빼야 한다는 구호를 입에 매달고 살아간다. 그러다 자기와 비슷한 체형을 가진 여자를 보면, 그래도 나는 저 정도로 뚱뚱하지는 않다고 생각한다. 여자, 은하계를 통틀어 가장 난해한 연구 대상이다.

여자의 비만은 절대로 죄가 아니다. 단, 그녀의 배우자도 이 말에 동의한다는 전제 하에.

8장

먼 길을 가려거든
발이 편한 신발부터 장만하라

만병통치악

집중을 하면 지방이 연소된다는 설이 있습니다. 집중을 하더라도 스트레스를 받으면 말짱 꽝이죠. 그래서 게임은 권하고 싶지 않습니다. 내가 이길 때는 스트레스가 확 풀리지만 내가 질 때는 스트레스가 왕창 쌓이니까요. 문학 미술 음악 등 예술 강추입니다.

해마다 우울증 환자가 증가되는 추세라고 합니다. 정신적 빈곤을 물질적 풍요로 메울 수는 없습니다. 정신적 충족감이 성취되지 않는 한 우울증 환자는 줄어들지 않을 것이며 자살자도 계속 늘어날 것입니다. 예술을 가까이 하십시오. 거기에 구원이 있습니다.

외로우면 어떻게 하세요. 노래나 부릅니다. 열 받으면 어떻게 하세요. 노래나 부릅니다. 그리우면 어떻게 하세요. 노래나 부릅니다. 옛날에는 술이 만병통치약(藥)이었는데 지금은 노래가 만병통치악(樂)입니다.

식견보다는 감동을

때로 명색이 소설가라는 이유로, 각박한 현실을 살아가는 사람들에게, 예술이 도대체 무슨 소용이 있느냐는, 항변조의 투덜거림을 듣기도 합니다. 하지만 도로변에 줄지어 박혀 있는 전봇대를 뽑아서 야구를 즐기지 못하는 것이 푸헐, 어디 전봇대의 잘못인가요.

예술가는 창작을 할 때만 신으로 군림할 수 있습니다. 그러나 일부 마니아들은 평소에도 현실 속에서 그가 신만이 가능한 일들을 실현해 주기를 갈망합니다.

제 눈에는 예술에 대해 많은 식견을 가지고 있는 사람보다는 예술에 대해 많은 감동을 가지고 있는 사람이 훨씬 거룩해 보입니다.

맞춤법 틀리면 사랑도 유리컵

넷서핑을 하다가 맞춤법 때문에 남친과 헤어졌다는 여자들의 고백을 읽은 기억이 있습니다. 취향과 의견이 다른 건 얼마든지 인정할 수 있지만, 뻑하면 기본적인 맞춤법조차 틀린 문자를 보내는 바람에 혐오감을 느껴 결별했다는 겁니다. 그대 사랑은 괜찮은가요.

글을 쓸 때 맞춤법이 틀리지 않게 쓰는 여자는 아무리 가르쳐주어도 맞춤법 자주 틀리게 쓰는 남친에게 정나미가 떨어질 가능성이 농후하고 글을 쓸 때 맞춤법 많이 틀리게 쓰는 여자는 남친이 맞춤법 자주 틀리게 써도 전혀 상관하지 않습니다. 그거슨 질리.

한국 사람이라면, 초등학교 정도만 이수했어도, 을과 를, 데와 대, 때와 떼 정도는 구분해서 쓸 수 있을 것 같은데 의외로 구분 못 하시는 분들이 많습니다. 하지만 영어는 아무리 간단해도 외국어니까 모른다고 부끄러워할 이유가 없습니다.

꽃이 진다고 어찌 슬퍼만 하랴. 머지않아 그 자리에 꽃보다 어여쁜 열매가 맺히는 것을.

글의 생사 여부

어떤 글은 살아 있고 어떤 글은 죽어 있다. 필자의 정신과 영혼이 살아 있으면 당연히 살아 있는 글이 써지고 필자의 정신과 영혼이 죽어 있으면 당연히 죽어 있는 글이 써진다. 하지만 자신이 쓴 글의 생사 여부를 알 수 있는 자 과연 몇이나 될까.

내 짐작이지만 '멋이 있다'라는 말은 '무엇이 있다'라는 말에서 유래되지 않았을까. 딱 꼬집어 말할 수 없는 그 무엇, 말이나 글로는 도저히 설명할 수 없는 그 무엇. 매력과 운치와 격조를 갖춘 그 무엇.

비록 그대가 예술에 대한 식견이 있다 하더라도 예술가 앞에서는 각별히 언행을 조심하라. 진정으로 예술에 목숨을 걸고 진정으로 예술에 인생을 건 사람이라면 자신을 모독하는 언행은 참아줄 수 있어도 예술을 모독하는 언행은 참아줄 수 없는 법이니까.

진달래와 철쭉

꽃꽂이 선생님이 5살 난 아이에게 동자꽃을 보여주며 물었습니다. 이게 무슨 꽃인지 아니. 5살 난 아이가 반문했습니다. 걍 이쁘다는 거만 알면 안 돼요. (이건 의외로 의미심장해서 어른을 당황하게 만드는 질문입니다.)

진달래와 철쭉을 구분하지 못하는 것은 부끄러운 일이 아닙니다. 하지만 어설픈 식견으로 아이들에게 진달래인 줄 알고 철쭉을 따먹게 만들면 낭패를 당할 수도 있습니다. 철쭉의 꽃술은 독성이 강해서 복용하면 극심한 복통과 설사를 유발시킵니다.

도시에서 살던 아이들이 시골에서 진달래와 철쭉을 구분하지 못하는 것이나, 시골에 살던 아이들이 도시에서, 아파트 가동과 나동을 구분하지 못하는 것은 당연지사입니다. 그러나 어디서 살든지 어른과 아이를 구분하지 못하는 것은 결코 당연지사가 아닙니다.

사랑아, 그대는 오늘도 어디서 한눈을 팔고 있느냐.

쩝!

개인적인 볼일 때문에 비가 온다고 종일 짜증을 내는 사람들이 있습니다. 가뭄에 타들어 가는 농사꾼 속은 생각조차 해본 적이 없는 위인들입니다. 매사를 자기 위주로만 생각하는 위인들을 보면 차라리 벌레나 짐승들이 더 존경스러울 지경이니, 제 공부도 아직 쩝입니다.

우리 모두 작가 친필 사인이 된 책 열 권 정도는 가지고 있지요. 작가 친필 사인 없으면 책 아니잖아요. 라면 받침대지. 다들 표정이 왜 그래요. 서점 가서 책은 거들떠보지도 않고 문구만 사가지고 오는 사람들처럼.

고추는 맵기 때문에 못마땅하고, 설탕은 달기 때문에 못마땅하며, 소금은 짜기 때문에 못마땅하고 맹물은 싱겁기 때문에 못마땅하다고 말씀하시는 분들이 계십니다. 하지만 문제는 고추나 설탕이나 소금이나 맹물에 있는 것이 아니라 그분들의 성격에 있는 것입니다. 절대로 인정하고 싶지는 않으시겠지만.

외솝우화

날쌔게 물속을 헤엄쳐 다니는 피라미를 본 개구리가 말했습니다. 꼬리가 없어지고 다리가 생기는 것은 결코 진화가 아니었어.

땅바닥을 기어 다니는 달팽이가 하늘을 날아다니는 제비를 보고 말했습니다. 날개 없는 놈을 먹이로 삼았으면 목숨 하나 부지하느라고 저리 바쁠 까닭이 없었을 텐데.

산중동물들이 폐가에 모여 회식을 하기로 했습니다. 그런데 술을 받으러 간 지네가 4시간이 지나도록 소식이 없습니다. 오소리가 궁금해서 문을 열어보았습니다. 지네는 아직도 마루에 걸터앉아 운동화 끈을 매고 있었습니다.

아무래도 지네는 안 되겠다 싶어 이번에는 다람쥐를 보내기로 했습니다. 그런데 다람쥐도 4시간이 지나도록 소식이 없었습니다. 궁금해서 문을 열어보았습니다. 다람쥐는 아직도 마루에 걸터앉아, 이것도 지네 신발, 저것도 지네 신발, 투덜거리면서 자기 신발을 찾고 있었습니다.

세상이 아무리 흐리더라도 언제나 마음 안에 휘영청 보름달 하나 띄워놓고 살아가기.

방하착(放下着)

눈발들이 흩날린다. 차마 부르지 못한 그대 노래의 음표들이, 새하얀 나비떼로 환생해서, 시린 바람 속에 어지럽게 흩날린다. 그래, 세상에 사랑 아닌 것은 아무것도 없구나.

아직 꽃을 못 피운 화초들 가까스로 봉오리 다듬고 가슴 졸이며 기다리고 있는데, 날씨야, 이토록 우라지게 추우면 어쩌자는 것이냐. 식물이 꽃 한 송이 피우기가 사람이 피 한 방울 흘리기보다 가슴 아린 일이거늘.

겨울이 너무 깊어 문을 닫은 다목리. 계곡물 나지막이 반야심경을 암송하고 있다. 풀썩, 잣나무 밑으로 떨어지는 눈더미 소리, 본디 생각에는 무게가 있어도 마음에는 무게가 없나니, 방하착(放下着)!

헝그리 정신을 부자들에게

예술가는 가난해야 좋은 작품을 만들어낼 수 있다는 지론을 당연시하는 사람들이 있습니다. 정말 그럴까요. 그분들의 지론이 옳다면 우리나라 지하도 노숙자 출신들 중에서 세계적인 예술가가 적어도 서너 명 정도는 탄생했어야 옳지 않을까요.

예술가에게 끝없는 고통을 강요해서는 안 됩니다. 예술은 고통 끝에 나오는 것이지 고통 중에 나오는 것이 아닙니다. 예술가야말로 멋지고 행복하게 살아야 하는 존재들입니다. 예술 하면 궁색하게 살아야 한다는 미신은 타파되어야 합니다.

이제 더 이상 예술가들한테 헝그리 정신을 강요하지 마세요. 배가 고프면 작품도 덩달아 궁색해집니다. 그 잘나빠진 헝그리 정신은 고관대작들한테나 던져주세요. 그분들은 대부분 배고픈 사람들 심정을 모릅니다. 그분들께 낙타가 바늘구멍을 빠져나가기보다 힘들다는 천당 구경을 할 수 있는 자격을 부여해 드리세요.

그것들이 그대에게 무슨 말을 하고 있는지

마음이 선하신 그대여. 세상이 그대를 헤아려주지 못한다고 하늘까지 그대를 헤아려주지 못할 거라고는 생각지 마옵소서. 아직은 추수할 때가 아닐 뿐, 뿌리고 거두신 대로 그대 창고 가득 찰 날도 머지않았으니.

인생을 살다 보면 가끔 금수만도 못한 인간을 만날 때가 있습니다. 하지만 돌 한 개를 씹었다고 밥솥의 밥을 모조리 버릴 수는 없겠지요. 어쩌다 씹힌 돌 따위 신경 쓸 필요가 있나요. 세상에는 그대를 아름답게 만드는 것들이 얼마나 많은데요.

눈여겨보세요. 세상 만물들은 다 그대를 보고 있습니다. 하지만 그대는 한눈을 팔고 있습니다. 그것들이 그대에게 무슨 말을 하고 있는지 귀 기울여보세요. 각박한 일상 속에서 그대도 얼마든지 정서적 풍요를 누릴 수가 있습니다. 오늘도 기쁜 일만 그대에게.

속담의 재발견 I

농사도 안 짓는 놈이 원두막은 지어서 뭘 하나.

싱크대에는 부지깽이가 없다.

닭장에 가둔다고 봉황이 닭이 되랴.

생각이 쪼잔하면 인생도 쪼잔하다.

한 시간 더 일찍 일어나는 새가 한 시간 더 고달프다.

인내는 쓰다. 그리고 그 열매는 더 쓰다.

도대체 그대는 어떤 계량기로 정신이나 영혼의 경중(輕重)을 측량할 수 있나요.

모든 법칙에는 예외가 있다

남의 포부를 들었을 때 가급적이면 안 된다고 단정하지 말라. 남의 인생은 사실 점쟁이도 잘 모르는 법. 현재는 능력이 못 미치는 상황이라도 노력 여하에 따라서 얼마든지 놀라운 능력을 획득할 수도 있다. 명심하라. 악담보다는 덕담이 언제나 아름답다.

가지 많은 나무에 바람 잘 날 없다지만, 바람 따라 흔들릴 줄만 알면 결코 부러질 일은 없습니다. 긴 겨울 끝나고 봄이 오면 가지마다 꽃을 피우겠지요. 그리고 여름이 지나면 가을, 다디단 열매도 영글겠지요. 세상의 모든 어머니들께 경배를 드립니다.

무슨 법칙에든 예외는 있습니다. 그리고 당신이 그 예외에 해당되지 말라는 법칙은 없습니다. 모든 행운과 긍정이 언제나 당신과 함께하기를 빕니다.

잘 지내시나요

설악산에 무서리 내리고 수은주의 눈금이 영하로 떨어졌다는 소식. 미처 가을이 떠나기도 전에 어쩌자고 겨울이 먼저 당도했느냐. 아무리 옷섶을 여며도 늑골이 허해지는 세월. 오늘도 먼 하늘 끝에 시 한 줄을 적어 그대 안부를 묻습니다.

감성마을에 백설기가루 같은 눈이 푸슬푸슬 내리고 있습니다. 창문을 여니 새하얀 세상. 오늘 같은 날은 왠지 비열하게 살아가는 넘들조차 욕하고 싶은 마음이 사라져버립니다. 연애편지라도 쓰고 싶어졌습니다.

창문을 열었습니다. 습기에 눅눅해진 밤하늘, 멀리 흐린 별빛 몇 점이 흔들리고 있었습니다. 문득 내 집에 있으면서도 너무 멀리 떠나와 버렸다는 생각이 들었습니다. 어이없게도, 집으로 돌아가고 싶습니다, 라고 그대에게 편지를 쓸 뻔했습니다.

인간의 자격

별 볼 일 없는 날벌레를 모기인 줄 알고 때려잡았습니다. 모기였더라도 피를 좀 적선하는 편이 나았습니다. 젠장, 엉뚱한 날벌레를 때려죽이다니, 이래서 제 공부는 아직 멀었습니다.

살다 보면 그대 때문에 행복해지는 사람들도 있고 그대 때문에 불행해지는 사람들도 있겠지요. 그대가 중요한 존재라는 증거입니다. 그대의 재산 따위는 아무 상관이 없습니다. 그대가 타인의 행복을 위해 얼마나 노력하는가에 따라 그대의 가치는 달라집니다.

자신이 이기적이라는 말은 자신이 인간적이지 못하다는 말과 동일합니다.

9장

머리 닿는 부분이 하늘이고
발 닿는 부분이 땅입니다

나를 말아먹은 8할이 술입니다

　젊은 날에는 맨 정신으로 살기 힘들어서 날이면 날마다 술을 마셨습니다. 제 곁에는 아무도 없었습니다. 저물녘 놀빛만 바라보면 죽고 싶은 충동에 사로잡히곤 했습니다. 수없이 비틀거리고 수없이 쓰러졌습니다. 죄송합니다, 그러나 아직도 건재합니다.

　인생을 되감기할 수만 있다면 알코올중독으로 술에 절어 살던 한 시절을 가위로 싹둑 잘라서 소각해 버리고 싶다는 생각을 할 때가 많습니다.

　환갑 지난 인생을 살아오면서, 슬프지만 대한민국 남자들의 안식처가 술집밖에 없다는 생각을 할 때가 많았습니다. 나를 키운 8할이 바람이었다, 미당 선생의 말씀입니다. 하지만 저는, 저를 말아먹은 8할이 술이었다고 고백합니다.

　술독에 빠져 살던 시절에는, 날마다 천하만물이 제 발밑에 엎드리고 있는 줄 알았습니다. 하지만 이제는 자기 배에서 실을 뽑아 허공에 투명한 집을 짓고 살아가는 한 마리 거미에게도, 고개 숙여 존경의 염을 표하고 싶어집니다.

예외적 인간

옛날에 어쩌다 마누라가 처제의 일기장을 훔쳐보게 되었답니다. 처제에게 저를 처음 소개시켜 주었던 날의 일기였답니다. 거기에 적혀 있는 딱 한 줄, '우리 언니가 드디어 미쳤다.'

어떤 사람들은 저를 비정상적 인간이라고 매도하기도 합니다. 하지만 항변하겠습니다. 저는 예외적 인간이지 비정상적 인간은 아닙니다.

자리에서 일어나 차 한잔 마셨는데 어느새 밤입니다. 어제는 누군가 제게 물었지요. 못 하시는 게 없는데 타고난 재능입니까 노력의 결과입니까. 저는 정직하게 대답했지요. 제 재능의 밑천은 고질적인 불면이라고.

정치가

기자가 식인종 식당을 취재하고 있었다. 메뉴판을 보니, 철학자 튀김 10달러, 판검사 구이 20달러, 정치가 볶음 300달러라고 적혀 있었다. 기자가 물었다. 정치가는 왜 이렇게 비쌉니까. 그러자 주인이 말했다. 깨끗하게 손질하기가 너무 힘들거든요.

정치가 — 보편적으로는 공약(公約)과 공약(空約)을 구분할 능력이 없는 사람들. 구분할 능력이 있더라도 양심을 지킬 능력은 없는 사람들.

어느 복날. 정치인 다섯 명이 유명한 보신탕집을 찾아가 자리에 앉았다. 주인 아주머니가 물었다. 전부 다 개지요. 다섯 명 모두 당연하다는 표정으로 고개를 끄덕였다.

한국 사람은 모든 요소들을 다섯 가지로 대별하기를 좋아한다. 우주 만물을 이루는 원소는 금수목화토 5행. 방위는 동서남북 중앙을 합쳐 5방위, 색깔은 5색, 곡식도 5곡, 몸은 5체, 소화기는 5장. 정치가들이 즐겨 사용하는 방어무기는 5리발, 퍽!

그대 오시는 날이 봄 오시는 날이라고, 겨우내 노래하듯 말했지만,
오늘 그대는 오시지 않고, 마당 가득 봄 햇살만 눈부시구나.

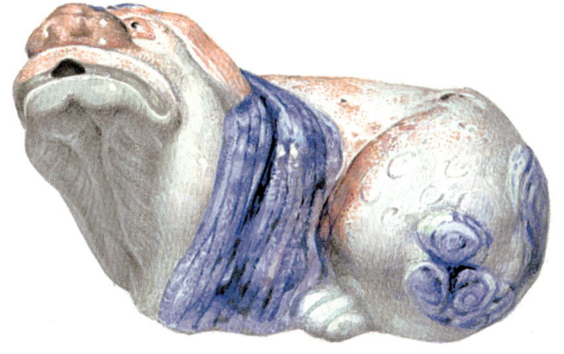

백마 탄 왕자

키 작은 남자가 여자들에게 루저 취급을 받는 시대라면서요. 글쎄요. 신장으로 인생을 사는 시대가 도래했나요. 무엇이든 생각하기 나름이겠지만, 학은 다른 새들에 비하면 목과 다리의 낭비가 너무 심한 새일지도 모릅니다.

그녀는 뻑하면 백마 탄 왕자와 백마 끄는 마부를 혼동합니다. 그러다 독신으로 어느새 서른.

잘생긴 남자가 추근대면 호감 표현, 못생긴 남자가 추근대면 성희롱. 억울하다고 생각하시는 남자분은 별꼴이 반쪽.

인정하시지요

그래, 당신이 주장하는 다양성은 인정하겠습니다. 세상에는 하늘을 날지 못하는 비둘기가 있다는 사실도 인정하겠습니다. 하지만 비둘기가 하늘을 날지 못한다는 사실이 비둘기의 장점은 아니라는 사실만은 당신도 인정해 주기 바랍니다.

사촌이 논을 사면 배가 아픈 이유는, 내 심보와 내장이 불량하기 때문이지 사촌이 잘못해서가 아닙니다. 제기럴, 아니꼽더라도 인정할 건 인정합시다.

성공할 가능성이 높은 사람은, 자신이 틀린 줄 알면 자신의 잘못을 깨끗이 인정하고 잘못된 생각을 수정합니다. 그러나 실패할 가능성이 높은 사람은, 자신이 틀린 줄 알아도 끝까지 자신의 잘못을 인정하지 않고 자신을 합리화하기에 급급합니다. 그대는 어떠신가요.

봄이다. 창문을 연다. 방바닥에 깔려 있는 평행사변형의 햇빛 한 장.

잘 먹고 잘 살기

잘 먹고 잘 살라는 말이 악담으로 쓰일 때가 있었습니다. 그런데 요즘은 그것이 악담인 줄도 모르고 살아가는 사람들이 허다한 것 같습니다. 모름지기 사람으로 태어나 겨우 먹고사는 일에 목숨을 걸어야 한다면 그것 또한 얼마나 지리멸렬하고 비참한 인생인가요.

자신이 살고 있는 마을의 하천에 서식하고 있는 물고기들이나 산야에 서식하고 있는 야생초들, 그것들의 이름을 몰라도 괜찮습니다. 하지만 서른이 넘을 때까지 오로지 돈만 생각했지 그것들에게 한 번도 관심을 가져본 적이 없다면 당신은 거의 무생물에 가깝습니다.

모름지기 인간이라면, 재산이 없다는 사실보다 철학이 없다는 사실을 훨씬 더 부끄럽게 생각해야 합니다. 비록 철학이 밥을 먹여주지는 않더라도.

문명

대학을 졸업하고 집에 돌아온 한석봉. 어머니가 전기 코드를 뽑고 어둠 속에서 떡을 썬다. 불을 켜자 떡이 가지런하다. 그러나 한석봉은 한 글자도 자판을 두드리지 못했다. 어머니가 의심스런 눈초리로 묻는다. 1분에 500타 친다는 거 구라지?

황새가 말했다. 인간들의 속담 중에는 뱁새가 황새를 쫓아가면 가랑이가 찢어진다는 말이 있어. 그러자 뱁새가 말했다. 인간은 지구상에서 유일하게 구라를 만드는 재미로 살아가는 동물이지.

물고기가 눈을 뜬 채 잠을 자는 것은, 물이 언제까지나 깨끗한 채로 있으리라는 믿음 때문이다. 하지만 인간은 그 믿음을 수시로 무참하게 뒤집어버린다. 결국 물고기도 언젠가는 인간 때문에 눈꺼풀을 개발하든지 눈이 먼 채로 살아가는 수밖에 없을 것이다.

속담의 재발견 II

정상적으로 군대 갔다 온 남자는 세상 무서운 줄 모르고, 고의적으로 군대 안 갔다 온 남자는 하늘 무서운 줄 모른다.

밥 굶어 죽은 귀신은 있어도 담배 굶어 죽은 귀신은 없다.

남 잘 되는 꼴 못 보는 사람치고 자기 잘 되는 꼴 보여준 적이 없다.

잡놈은 있어도 잡초는 없다.

식당개 3년이면 카운터를 지키고 서당개 3년이면 촌지를 챙긴다.

발끈하는 이유

당신이 무척 싫어하는 사람이 있습니다. 당신은 그 사람이 이러면 이래서 싫고 저러면 저래서 싫습니다. 그런데 말입니다. 혹시 당신의 성격이 지랄 같아서 그렇게 보이는 것이라고 생각해 보신 적은 없으신가요. 이때 발끈하시면 당신이 정말 수상한 겁니다.

험담꾼이시여. 토끼는 거북이보다 빨리 뛰어서 나쁜 동물이고 거북이는 토끼보다 느리게 기어서 나쁜 동물이라면, 지구상에 존재할 가치가 있는 동물은 오직 당신뿐이라는 말씀인가요. 죄송합니다, 제가 보기에는 당신이 지구를 떠나야 할 동물 1순위 같은데요.

키 짧은 것이야 깔창이나 뒷굽으로 보충하면 되지만 생각 짧은 것이야 무엇으로 보충할 방법이 있나요. 인간이 양심을 상실하는 순간, 동물과 동일시된다는 사실을 자각지 못한다면, 종교가 무슨 소용이 있으며 교육이 또한 무슨 소용이 있겠습니까.

육신이 못 가는 길은 있어도 의식이 못 가는 길은 없으니, 그대 있는 곳이 우주 바깥 어디라 하더라도 결코 내 그리움까지 가로막지는 못하리.

때로는 비 내리고 때로는 눈 내리고

산책을 나갔다가 얼마 걷지 못하고 비를 만났습니다. 바람도 푸득거렸습니다. 시간이 지날수록 빗줄기가 거세지고 있었습니다. 인생을 살다 보면 간혹 예기치 못했던 일로 갔던 길을 되돌아올 때도 있는 법이지요. 저는 미련 없이 발길을 돌렸습니다. 하늘이 낮게 내려앉아 있었습니다. 오래 살았던 마을에서도 집 밖에만 나가면 객지 같다는 생각이 들 때가 있습니다.

내가 밤마다 원고지에 뿌린 사랑의 낱말들은 연둣빛 싹을 곧잘 틔우다가도 사랑하는 이들이 이별을 고할 때마다 하얀 이파리로 말라 죽습니다. 하얀 이파리로 말라 죽은 채 하늘에 머물러 있다가, 겨울밤 그리움이 복받칠 때마다 자욱한 함박눈으로 쏟아집니다.

하늘의 사랑법

슬프신가요, 더 슬픈 사람들을 생각하세요. 아프신가요, 더 아픈 사람들을 생각하세요. 하늘은 남의 슬픔을 내 슬픔으로 받아들이고, 남의 아픔을 내 아픔으로 받아들일 때까지, 그대의 고통을 거두어가지 않을 것입니다.

그 높은 하늘도 뭇 생명들에게 비를 내려주고자 할 때는 자신을 최대한 낮추어 땅에게로 가까이 내려앉는 법입니다. 이것이 하늘의 사랑법입니다.

사랑은 나무 같아서 때로는 꽃 피고 때로는 열매 맺고 때로는 단풍 들고 때로는 낙엽집니다. 사랑에도 봄 여름 가을 겨울이 있어서 철에 따라 황홀함과 쓰라림이 동반됩니다. 비록 못 견디게 아파도 어쩔 수가 없는 것입니다.

책 없는 인생

안주 없이 술을 마시는 사람은 그러려니 하겠는데 반찬 없이 밥을 먹는 사람은 왠지 측은해 보입니다. 하지만 무엇보다 측은해 보이는 사람은 책 없이 인생을 사는 사람입니다.

밥을 자주 굶으면 육신이 허약해지고 책을 자주 굶으면 정신이 허약해진다고 말했더니, 육신을 건강하게 만들기 위해서는 쌀을 사야 하고 정신을 건강하게 만들기 위해서는 책을 사야 하는데 지갑이 허약해서 이대로 사는 수밖에 없다고 하시네요. 나무관세음보살.

어떤 이들은 이외수의 책은 돈 주고 사보기에는 돈이 너무 아깝다고 말합니다. 제기럴. 사랑합니다, 고객님.

제가 저술한 소설책이나 산문집 또는 우화집이나 시집 속에 수록되어 있는 활자들을 물에 씻어서 밥솥에 안치고, 적당한 열을 가해도 밥이 되어주지는 않습니다. 하지만 인간이라면 모름지기, 밥만 먹고 만물의 영장이라고 자부할 수는 없겠지요.

책을 안 읽었다는 사실을 무슨 자랑처럼 떠벌리는 사람들이 있습니다. 그들은 세상의 모든 동물들이 책을 읽지 않는다는 사실을 모르고 있는 것일까요.

제 책을 모두 독파해야만 골수독자가 되는 것은 아닙니다. 단 한 줄의 글을 읽으셨더라도 제 마음의 뿌리를 선명하게 들여다보셨다면 골수독자를 자처하실 만합니다. 날이 새면 기쁜 일만 그대에게.

초강력 무기

물은 지구상에서 인간의 마음을 가장 잘 반영하는 물질이라고 합니다. 그래서 전통차는 수행 삼아 즐기는 분들이 많습니다. 하지만 아는 것이 병이라는 속담이 있지요. 너무 격식이나 예법에 얽매이면 오히려 수행에 방해가 됩니다.

물질적 허영은 자신의 외모를 치장하는 일에 여념이 없게 만들지만 학술적 허영은 자신의 내면을 치장하는 일에 여념이 없게 만듭니다. 어느 쪽이 더 거룩하냐고 묻지 마소서. 어차피 허영은 진체와 거리가 먼, 속물들을 낚기 위한 떡밥에 불과합니다. 파닥파닥.

무식한 사람이 간직하고 있는 철학은, 어떤 석학의 논리적 접근도 허용치 않습니다.

무지는 어떤 최신형 무기로도 대적할 수 없는 초강력 재래식 무기입니다.

10장

마음에서 마음으로

완벽한 인간

평소 세인들에게 완벽한 모습만을 보여주는 스타들이 있다. 하지만 세인들은 그들의 완벽한 모습보다는 실수하는 모습을 더 보고 싶어할지도 모른다. 헛손질로 심판을 때려눕힌 프로복싱 헤비급 챔피언, 무대에서 블라우스 끈이 풀어져 유방이 드러난 인기 절정의 여가수, 어쩌다 구멍을 잘못 선택한 골프 황제 타이거 우즈의 거시기한 비하인드 스토리. 당사자들에게는 생각만 해도 모골이 송연해지는 굴욕이겠지만 세인들에게는 '아싸 가오리' 소리가 절로 나오는 깨소금 덩어리가 아닐까.

남을 비난하고 싶은가. 그때마다 '나는 완벽한 인간인가'라고 자문해 보라. 완벽한 인간은 개뿔. 부처님도 인생을 고(苦)라는 한 음절로 축약하셨다. 남을 비난할 겨를이 있으면 차라리 그 시간에 코딱지를 파내는 편이 훨씬 인간다울 것이다.

그대 사랑을 진리가 되게 하라. 그대 사랑 역시 진리가 되지 못하면 언젠가는 깨져버릴 위험이 있나니.

궁상 3종 세트

날씨도 추운데 돈 떨어지고 배까지 고파오면 정말로 서럽습니다. 강추위. 굶주림. 무일푼. 제가 젊은 시절에 겪었던, 강력 접착제보다 몇 배나 끈덕진 진저리 궁상 3종 세트입니다.

사람이 가진 슬픔 중에서도 가장 견디기 힘든 슬픔 세 가지는, 집 없는 슬픔, 쌀 없는 슬픔, 옷 없는 슬픔입니다. 물론 그것들은 모두 딱 한 가지만 있으면 해결됩니다. 바로 돈이지요. 갑자기 인간이 한없이 불쌍해 보입니다.

돈에도 암수가 있었으면 좋겠습니다. 따뜻한 이불 속에 암수를 재우면 몇 마리씩 새끼가 태어나는 세상. 모든 동물의 새끼는 모두 이쁜데 돈새끼는 특히 더 예쁘겠지요. 돈에도 암수가 있어서 새끼를 치는 세상이 온다면 사람들은 서로 사랑만 하면서 살 수 있을까요.

모든 존재의 불행은

왜 수많은 성현들이 그토록 사랑과 자비를 강조했을까를 생각해 보라. 모든 존재는 사랑에 의해서 행복해진다. 많은 존재로부터 사랑받고 있을 때 행복해지고 많은 존재를 사랑하고 있을 때 행복해진다. 따라서 모든 존재의 불행은 곧 사랑의 부재에서 비롯된다.

어떤 개막장 인생이라 하더라도, 자신이 인간답게 살아야 한다는 사실을 자각하고 최선을 다하는 순간, 그는 시대와 인간 모두를 위해 없어서는 안 될, 눈물겹고 소중한 존재로 변모되어 있는 것이다.

어떤 사람들은 날 보고 요즘 무슨 일로 자꾸 사랑 타령을 하느냐고 묻는다. 평생 글 속에서 사랑 타령만 했는데 요즘에 와서야 눈에 뜨이나 보다.

모든 문제의 해결책은 그대의 시간 속에 숨어 있는 것이 아니라 그대의 사랑 속에 숨어 있는 것입니다.

그대는 솔로

밤중에 외로운 노처녀에게 전화가 걸려왔다. 여보세요. 희영이네 집이지요. 희영이 좀 바꿔주세요. 노처녀를 찾는 전화가 아니었다. 노처녀가 대답했다. 그런 사람 없는데요. 몇 번에 거셨나요. 그러자 거침없는 대답이 들려왔다. 한 번에요.

세 사람이 우겨 대면 호랑이도 만들어낼 수가 있다는 속담이 있다. 솔로들이여. 세 명이 모여서 우겨라. 그대들이 바로 인류의 멸망을 막을 존재들이라고.

태어나 50년 정도만 살아보면 결혼 유무와 상관없이 이 세상 모든 인간이 표면적으로는 커플이라도 내면적으로는 솔로라는 사실을 알게 된다.

그대는 솔로. 금강산도 식후경, 밥 한 끼가 열 귀신을 쫓는다는 속담이 있다. 추위 때문에 그리움이 짙어지고 허기 때문에 외로움이 짙어지는 법, 일단 먹어라. 그리고 벌러덩 드러누워 방바닥의 온기를 감지하라. 등 따습고 배부르면 그것이 바로 행복.

사랑은 만물에게 통한다

동물들에게 말을 걸면 알아듣지 못할 거라고 생각하시는 분들이 의외로 많은 것 같습니다. 하지만 동물들은 말에 담긴 감정을 기운으로 간파할 수가 있지요. 모태에 있는 아기들에게 말을 거는 것도 마찬가지입니다. 물론 사랑이 담겨 있는 말이 최상이겠지요.

고양이도 난초도 꿀벌도 사랑을 받으면 나름대로의 기쁨을 드러냅니다. 집이나 숲이나 바위도 그럴까요.

금값이 계속 오르고 있다는 소식입니다. 사람값이 계속 떨어지고 있다는 소식 같아서 씁쓸합니다. 금값이 오르거나 말거나 사람은 사람끼리 서로를 받들면서 살아갑시다.

이 세상에 학교 아닌 공간이 어디 있으며 스승 아닌 사물이 어디 있으랴. 천하는 모두 열려 있으되 사람의 마음만 굳게 닫혀 있구나.

이유는 묻지 마세요

수십 년 동안이나 익숙하게, 불편 없이, 살다가도 어느 날 음식물을 씹다가, 느닷없이 으갸, 자기 이로 자기 혀를 깨물게 되는 이유를 모르겠습니다.

달팽이에게 지금보다 시속 10센티 정도 더 빨리 달려야 하는 이유를 진지하게 설명해 주는 일이 과연 달팽이의 생존에 얼마나 큰 도움을 줄 수 있을까요.

빗소리 들리자 개구리들 목청껏 울어 대기 시작했습니다. 제가 물어보았습니다. 걷을 빨래도 없고 덮을 장독대도 없으면서 목청껏 울어 대는 이유가 무엇이냐. 그러자 개구리 한 마리가 대답했습니다. 비가 오는데 울지도 않는 당신이 더 이상한 넘 아닐까.

사랑의 진실

우리는 모두 행복해지기 위해서 각자의 모습대로 열심히 살아갑니다. 그런데 과연 행복은 어디에 있는 것일까요. 한마디로 말할 수는 없지만, 한 가지 분명한 사실은 사랑하지도 못하고 사랑받지도 못하는 자가 행복할 수는 없다는 것입니다.

괜찮습니다. 달리다 보면 넘어질 때도 있는 법이지요. 넘어진 김에 잠시 쉬셔도 괜찮습니다. 다시 일어나 달리면 되는 거지요. 일등에만 의미가 있는 것은 아닙니다. 완주에도 의미가 있습니다. 포기만 하지 않으시면 됩니다. 도전은 언제나 거룩합니다.

아니, 진심으로 사랑을 하는데 유치하지 않을 수도 있습니까.

애물단지

눈 뜨면 일어나기 싫고, 일어나면 출근하기 싫고, 출근하면 업무 보기 싫고. 하지만 그 모든 '싫고'를 극복하게 만드는 영약, 가족이라는 이름의 애물단지들.

러시아 속담에, 전쟁에 나갈 때는 한 번 기도하고, 바다에 나갈 때는 두 번 기도하라는 말이 있다. 나는 거기다 결혼을 할 때는 세 번 기도하라고 덧붙이겠다. 사랑이 충만한 가정을 만들어가는 일은 전쟁이나 항해보다 몇 배나 힘들기 때문이다.

하나님도 쉬신다는 일요일을 한국의 어떤 아버지들은 쉬시지도 못하고 일터로 나가신다.

자판기에서 뽑아 먹는 사랑

손가락을 몇 번 까딱거리면 여친을 불러낼 수 있는 요즘 시대의 사랑은 단막극일 수밖에 없다. 손편지 한 통이 도착하는 데 사흘이 걸리고 손목 한 번 잡는 데 삼 년이 걸리는 아버지의 시대. 사랑 또한 대하극일 수밖에 없었다. 어느 쪽이 진짜 사랑일까.

자판기 따위에서 판매되는 희망이나 사랑이라면 그건 이미 진정한 희망이나 사랑이 아니다. 그런데도 요즘 젊은이들은 인스턴트라도 좋으니 희망이나 사랑을 한 컵만이라도 확보할 수 있기를 간절히 소망한다. 어쩌다가 이런 세상이 도래해 버린 것일까.

젊은이. 아무리 편리한 세상이지만 자판기에 동전 하나 투입하고 사랑 뽑아 먹을 수야 없지 않겠는가.

으헝, 이쁘면 뭘 하나

영화가 얼마나 감동을 주는가에 대해서는 전혀 말하지 않고 오로지 배우가 얼마나 잘생겼는가에 대해서만 열을 올리는 여자들이 있다. 이쁘면 뭘 하나. 내 소설 절대로 안 읽을 것 같다. 으헝, 소설에 평생 목매달고 살아온 내 인생이 한없이 쓸쓸해진다.

착용하고 다니는 핸드백은 엄청나게 비싼데 정작 자기는 그 핸드백보다 무가치한 여자들이 있다. 그런 여자들은 대개 거울을 들여다보는 횟수와 책을 들여다보는 횟수가 반비례한다.

가끔 사람들은 내용보다는 포장을 중시하는 성향이 있다. 그래서 포장이 벗겨진 다음에는 속았다고 크게 격분하기도 한다. 하지만 그는 어쩌면 자신에게 속았는지도 모른다.

예술은 공식이 없다

노래를 잘 부르는 사람과 노래에 잘 감동받는 사람이 있다. 어느 쪽이 더 행복할까.

어떤 예술가의 작품을 비난하기 전에, 자신의 예술에 대한 식견이나 안목이, 어떤 수준인지를 알고 있는 감상자가 얼마나 될까. 어쩌면 저울로 거리를 재고 있거나 자로 무게를 재고 있으면서, 아는 척, 잘난 척, 큰소리를 치고 있는 것이나 아닐까.

예술은 수학이 아니다. 공식도 없고 정답도 없다. 예술은 아는 것보다 느끼는 것이 중요하다. 그래서 아는 만큼 보인다는 말이 예술에는 적합하지 않을 수도 있다. 진정한 예술은 이해의 대상이 아니라 감상의 대상이며, 머리보다는 가슴을 중시하기 때문이다.

현실로부터 탈피하라. 현실로부터의 탈피를 꿈꾸지 않는 인간은 영혼이 죽어버린 인간이나 다름이 없다.

온몸이 쪼개지는 아픔

늙은이의 입을 통해서, 늙으면 죽어야 한다는 말이 나오면 자조에 가깝습니다. 그러나 젊은이의 입을 통해서, 늙으면 죽어야 한다는 말이 나오면 저주에 가깝습니다. 어느 쪽의 입을 통해서 나오든 세상이 막장에 접어들었다는 뜻에는 크게 변함이 없지만.

그대가 키우신 불만의 나무와 그대가 키우신 노력의 나무 중에 어느 쪽이 더 가지가 무성한가요.

60년 넘게 사는 동안 꽃 피지 않는 나무에 열매 열리는 것 보지 못했습니다. 젊음은 마음 안에 아름다운 꽃눈을 틔우는 나이. 그대여, 절대로 무통분만을 꿈꾸지 마소서. 작은 꽃눈 하나 틔우는 데도 온몸이 쪼개지는 아픔이 따르는 법이니.

낙장불입

　선택은 그대의 자유입니다. 그러나 그대가 선택의 기로에 서 있을 때 간과하지 말아야 할 것은, 모든 선택에는 그 결과에 대한 책임이 따른다는 사실입니다.

　한순간의 집착이 한평생을 망치기도 하지요. 3점짜리 청단 한 번 해보려고 목단 띠 기다리다 30점짜리 대박 쓰신 경험 없으신가요. 아무리 하찮은 경험이라도 받아들이기에 따라서는 천금을 주고도 바꿀 수 없는 학습이 되기도 합니다. 인생 역시 낙장불입.

　그대가 둔 바둑은 복기할 수 있지만 그대가 산 인생은 복생할 수 없습니다.

사막 같은 세상

더러 사람이 선인장 같다는 생각을 할 때가 있다. 머릿속에 온통 가시가 돋아 있어서 자기 이외의 존재는 스치기만 해도 상처를 입힐 것 같다. 농담 따위는 용납이 안 된다. 세상이 사막 같아서 그럴지도 모른다.

세상의 모든 하늘에서 구름이 모조리 사라져버린다면 지상에 존재하는 저 풍경들은 얼마나 삭막해 보일까.

이제는 가정에서도 정신보다 물질이 중요하다고 가르치는 추세고 학교에서도 정신보다 물질이 중요하다고 가르치는 추세다. 인간에게 진실로 가치 있는 것이 무엇인가를 인지하는 젊은이들이 점차로 줄어들고 있다. 세상이 동물의 왕국으로 변하는 것은 당연지사다.

뿌리의 존재

천하에 나약하기로 소문난 갈대조차도 거센 바람에 그 줄기는 흔들릴지언정 땅속에 박혀 있는 그 뿌리까지 흔들리지는 않습니다.

찔레덤불 거칠어도 꽃까지 거칠지는 않습니다. 아무리 척박한 세상에 뿌리 내리고 살아도 제 마음 다스리기 나름이지요.

섬은 물 밖에서 보면 고립되어 있지만 물속에서 보면 연결되어 있습니다. 어떤 사물이든지 겉만 훑어보지 않고 속까지 들여다보는 습관을 가져야 합니다. 그러면 언젠가는 자신이 만 우주의 중심임을 알게 됩니다.

노학만리심(老鶴萬里心)

앞에 구름이 가로막혀 있다고 보름달이 가던 길을 멈추거나 둘러 가지는 않습니다. 그럼요. 비록 제 인생은 상처투성이지만, 개들이 짖어 대거나 닭들이 쪼아 대거나 개의치 않고 절룩절룩 제 갈 길을 끝까지 걸어가겠습니다.

청정한 마음을 붓끝에 모아 먹을 쳤습니다. 수면 위로 솟구치는 물고기도 그리고 달을 따러 떠나는 아이들도 그렸습니다. 온 집 안에 묵향이 가득했습니다. 노학만리심(老鶴萬里心). 늙은 학이 마음으로 만 리 바깥을 두루 보살핀다는 뜻입니다. 우리 모두 어디서 무엇이 되어 다시 만나게 될까요.

아직은 한밤중, 모름지기 인간이라는 이름으로 이 세상에 태어나서, 세상을 환하게 밝히는 등불이 되지는 못할망정, 내 영혼 하나라도 환하게 밝히면서 살 수 있기를 소망합니다.

꽃 피는 그날까지

아직도 봄은 오지 않았습니다. 바람 속에 서슬 푸른 은장도. 무심코 창문을 열었다 이마를 베었습니다. 그대 올까 바깥을 내다보는 일은 언제나 저를 서럽게 합니다.

첩첩산중. 바깥은 칠흑 같은 어둠, 미친 바람이 머리카락을 산발한 채, 목 놓아 울면서 산등성이를 넘어가고 있습니다. 불빛 사이로 어지럽게 흩날리는 눈보라. 시간이 역류하고 있습니다. 이런 날일수록 사람이 더 기다려집니다.

그대의 키가 1센티 자랄 때 그대의 지혜는 몇 센티나 자라던가요. 그대의 몸무게가 1그램 늘어날 때 그대의 사랑은 몇 그램이나 늘어나던가요. 그저 형상만 사람을 닮은 채로 사물같이 살면서 사람인 척 살아가는 인생, 하지만 꽃 피는 그날까지 존버!

오천 년을 제 모습 온전히 지켜온 이 나라의 유물들처럼 험난하고 어두운 세상을 굳세게 견디면서 살아가는 그대, 절대강자여. 사랑합니다. 내내 강녕하소서.

이 책에 담긴 유물 그림 해설 — 김대환(문화재평론가)

청동다뉴조문경(거친무늬거울) 고조선, 중국 요녕성박물관 소장, 19쪽

약 3000년 전에 만들어진 우리 민족만의 독특한 청동거울이다. 1958년 중국 심양의 북서쪽에 위치한 조양시에서 발굴되었다. 고조선시대에 연결되는 우리 민족의 고유한 유물은 항상 3박자를 이루고 있다. 전기(다뉴조문경, 비파형동검, 고인돌), 후기(다뉴세문경, 세형동검, 고인돌). 거울의 꼭지가 2개 이상이면서 번개 치는 문양에서 햇살이 내리쬐는 문양까지 고조선의 청동거울은 중국의 거울과는 판이하게 다르다. 이 유물은 꼭지가 3개이며 하늘에서 번개가 내리치는 모습을 형상화한 문양으로 지름이 약 20cm인 커다란 동경이다. 현재 우리나라에는 이처럼 큰 다뉴조문경이 없는데 비해, 중국에서 출토되는 고조선 유물의 규모는 그 규모와 양이 지금도 어마어마하다. 아마 고조선의 수도는 중국 동북지방의 중심지였을 것이다. 일제강점기 식민사관에 의해 설화로 전락했던 고조선이 역사 위로 떠오르고 있다. 잃어버린 영토는 언젠가 되찾을 수 있어도 잃어버린 민족혼은 되찾을 길이 없다. 그것이 우리 문화유산을 잊으면 안 되는 가장 큰 이유이다.

옥귀고리 신석기시대, 왼쪽: 국립중앙박물관 소장, 오른쪽: 중국 요녕성박물관 소장, 24-25쪽

세계 4대 문명 중에 황하문명이 있다는 사실은 누구나 다 알고 있다. 그러나 그보다 1000년 더 빠른 문명이 한반도와 만주 지역에 이미 존재하고 있었다는 사실을 아는 사람은 많지 않다. 중국에서 발굴한 홍산문화유적, 홍륭와유적이 바로 그것이다. 중국의 옥전문가들은 이곳에서 발굴된 옥귀고리가 세계에서 가장 오래된 것이라고 밝혔다. 그러나 이 계통의 옥귀고리는 우리나라 강원도 고성 문암리와 충남 서산 휴암리에서도 이미 출토되었다. 즉, 신석기시대부터 한반도와 만주 지방은 같은 문화권이었던 것이다. 그리고 그 바탕 위에 청동기 문화가 발전하여 고조선이 성립된다. 즉, 중국 황하문명의 한반도 전파설은 설득력을 잃게 된다.

청동기마인물상 <small>남북국시대 발해, 일본동경대학 소장, 30쪽</small>

해동성국 발해의 수도인 상경성에서 일제강점기에 일본인에 의하여 출토된 것으로, 불기운에 뒷다리 하나는 녹아내리고 약간 뒤로 주저앉은 자세가 되었지만, 그나마도 잘 견뎌 참으로 대견스러운 유물. 그동안 중국 역사학계는 발해를 당나라의 지방정권이라고 열심히도 주장해 왔다. 그 증거를 찾기 위해서 2004년 중국 길림성에 있는 용두산 고분군의 발해묘를 발굴하였는데, 깜짝 놀랄 만한 큰 사건이 일어났다. 무덤 안의 묘지석에서 발견된 효의황후(孝懿皇后), 순목황후(順穆皇后) 등 141자의 명문 때문이었다. 황후라는 호칭은 황제의 부인만이 사용할 수 있는 것으로, 이는 발해의 왕이 당나라와 대등하게 황제로 불렸음을 말해 준다.

집모양토기 <small>고구려, 국립중앙박물관 소장, 31쪽</small>

평양시 철교 부근의 무덤에서 출토되었다고 전해지는 길이 14cm의 아담한 집 모양 토기. 가운데 네모난 출입구와 측면에 한껏 멋을 부린 원형의 창문이 쭉쭉 그어 내린 기왓골과 조화를 이룬다. 이것은 작고 단순하게 생겼지만 고구려인들의 사후세계관을 말해 주는 중요한 유물이다. 죽은 자의 내세를 현재의 연장선상으로 보았던 고구려인의 마음을 그대로 읽을 수 있는 증거이기 때문이다.

구석기 유물들 <small>구석기시대, 42-43쪽</small>

구석기시대에는 돌을 깨뜨리거나 떼어내 돌의 날카로운 면을 현대의 칼처럼 다용도로 사용하였다. 주먹도끼, 자르개, 찍개, 날을 떼어낸 몸돌이다. 일제강점기부터 우리는 우리나라가 구석기 유적이 존재하지 않는 짧은 역사의 이주민의 땅이라 교육받았다. 그만큼 역사의 부족함을 지닌 민족이라는 것을 강조하기 위함이었다. 그러나 현재는 경기도에서만 100여 곳이 넘는 구석기 유적이 발굴되었고, 특히 1978년 한탄강변 전곡리에서는 동아시아에서는 없다고 알려진 전기 구석기 유물인 아슐리안(Acheulean) 석기가 출토되어 세계 구석기 연구사를 다시 쓰게 되었다. 다시 말해서 우리의 땅은 수십만 년 전부터 인간의 유구한 터전이었던 것이다.

금동여래입상 백제, 국립부여박물관 소장, 48쪽

다리를 약간 벌리고 서 있는 삼국시대 부처님으로 부여 가탑리에서 출토되었다. 삼국시대에 제작된 불상은 현존하는 수량이 매우 적고 진귀하다. 그런 면에서 너무도 아쉬움이 남는 불상이다. 가장 중요한 머리는 이미 없어진 지 오래고, 다음으로 중요한 수인도 없어졌다. 수천 년 굴곡의 역사를 지닌 우리 민족의 모습과도 같다. 그러나 아직 잘 남아 있는 부처님의 발을 보라. 발가락 5개씩 모두 온전히 뚜렷하며 몸체를 잘 지탱하고 있다.

금동부처님손 남북국시대 신라, 국립경주박물관 소장, 53쪽

경주 안압지에서 출토된 4.6cm의 작은 부처님 손이다. 작은 조각품이 신앙으로 승화되어 천 년이 넘도록 신라인의 소원을 들어주던 짝 잃은 부처님의 수인은, 모든 중생의 구원을 바라며 수천 년을 항상 그렇게 바라보고 있는 듯 간절하다.

금동여래입상 남북국시대 신라, 일본 고려미술관 소장, 56쪽

천 년의 잠에서 깨어난 부처님의 돌아선 모습이다. 육각형의 대좌 위에 연꽃이 만개하고 그 위에 올라선 온몸은 상처투성이지만 중생을 구도하겠다는 시무외 여원인(施無畏 與願印)의 수인은 아직도 변함이 없다. 제작 당시 고정시켰던 구멍 자국이 유난히도 커 보인다.
일본 교토에는 고려미술관이 있다. 일본에서 자수성가한 교포 고(故) 정조문 선생이 한민족의 뿌리를 찾아 일본에 흩어져 있는 우리 문화재를 거금의 사재를 들여 정성스럽게 모아 1988년 재단법인 고려미술관을 개관하였다. 도자기, 금속유물, 회화, 민예품 등 수준 높은 유물이 소장되어 있으며 매년 활발한 전시와 학술활동을 하여 한국 문화의 아름다움을 일본 사회에 알리고 있다.

오리모양토기 삼국시대, 국립중앙박물관 소장(최영도 기증), 65쪽

삼국시대 고분 부장품으로 의식용 술이나 액체를 담았으며, 출수구가 꼬리 부분에 있다. 꼬리 뒤 엉덩이 부분으로 술을 부어 마시면 기분이 이상할 것도 같지만 마시는 사람은 크게 개의치 않았나 보다. 꼬리 밑면에 튀어나온 발이 이채로운데, 지금도 오리가 물에 떠서 열심히 물갈퀴질을 하고 있는 것 같은 느낌을 준다.

금동용두보당 남북국시대 신라, 국립대구박물관 소장(보물 제1410호), 71쪽

경북 영주 풍기에서 하수도 공사 중에 출토된 높이 65cm의 제법 큰 유물이다. 화려한 금색은 아직도 빛을 발하고, 부라리며 치켜뜬 두 눈과 여의주를 입에 물고 있는 날카로운 송곳니도 무섭다. 목 부분의 비늘과 수염은 주조 후에 일정한 간격으로 굴곡에 따라 섬세하게 조각하였다. 사찰에서 의식 행사를 할 때 당간지주 사이의 당간에 당이라는 깃발을 걸어두는데 그 당간의 끝장식이다. 턱밑 속에는 아직도 도르래가 남아 있다.

은제머리꽂이와 동곳 고려, 국립중앙박물관 소장(하치우마 다다스 기증), 76-77쪽

우리 민족은 고조선시대부터 근세에 이르기까지 수천 년간 상투를 틀어왔다. 튼 상투를 고정시켜 주는 것이 동곳이다. 1895년 김홍집 내각의 단발령이 거센 저항을 받았던 이유는 우리 민족의 상투가 조선시대의 단순한 유교적 사상에서 비롯됐기 때문만이 아니라, 수천 년을 이어온 전통이었기 때문이다. 동곳의 재질은 나무, 철, 청동, 은, 금 등 신분에 따라 여러 종류를 사용하였다. 은으로 만든 동곳은 상류층의 전유물이었고, 동곳의 머리 부분에는 세련된 조각을 더하여 한층 미감을 돋웠다.

금동여래좌상 통일신라, 국립중앙박물관 소장(하치우마 다다스 기증), 80쪽

경주 지역에서 출토된 것으로 전해지는 이 불상은 머리에 두광이 일체식으로 붙어 있고 가부좌 아래에는 꼭지가 있어서 고정시켰던 흔적으로 보이며 머리 위의 육계가 높고 수인은 선정인으로 두 손이 아래로 다소곳이 모아져 있다. 높이 5.5cm의 작은 호신불로 수줍은 듯 발은 옷자락 속에 감춰져 보이지 않는다.

도깨비무늬수막새 고구려, 국립중앙박물관 소장, 90쪽

지름 19.5cm의 제법 큰 수막새로 평안남도 대동군 주암리에서 출토되었다. 붉은색 기와는 고구려의 상징적 특징이다. 고구려 사람들은 집 안에 악귀들의 침입을 막기 위해 도깨비 문양의 막새를 지붕에 얹었다. 툭 튀어나온 두 눈의 주위에는 이글이글 타오르는 화염문이 감싸고 있고 쩍 벌린 입속에는 날카로운 송곳니가 번득인다. 강건한 고구려인의 기상이 느껴진다.

청자원숭이묵호 고려, 국립중앙박물관 소장, 95쪽

목에는 방울을 뒤로 매단 채, 힘에 겨운 듯 항아리를 부여잡고 앉아 이를 악물고 있는 표정이 익살스럽다. 온몸에 털은 주뼛주뼛 서 있고 힘겨운 듯 엄살을 부리며 주인을 쳐다보고 있다. 예로부터 원숭이는 지혜의 상징이며 총명함을 표현하는 수단으로 많이 사용되어 금속 유물, 회화 등에도 많이 등장한다. 먹을 갈아 담아두었다가 필요할 때 내어 항시 쓸 수 있게 하는 용도로 사용되었다. 고려청자의 절정기인 12세기 왕실관요에서 제작된 비취색의 명품청자에 속하는 유물이다.

청자동자연적 고려, 오사카 시립동양도자미술관 소장, 101쪽

12세기 절정기의 비색청자 연적으로 왕실관요 작품이다. 원래 여자아이 연적과 한 쌍을 이루고 있다. 오리의 벌린 입과 바닥에 출수구가 있고 높이 11cm의 귀여운 모습으로 동자의 시선과 오리의 시선이 서로 다르다. 서로 다른 시선은 뛰쳐 나가려는 오리와 계속 잡고 있으려는 동자의 서로 상반되는 마음을 말해 준다. 동자의 눈과 머리카락, 오리의 눈은 엷은 철화로 색을 칠하였다. 동자의 약간 기울인 머리와 엄지를 펴고 오리를 꽉 잡은 일순간 멈춘 듯한 표정의 절제된 아름다움이 시간을 고려시대에서 머물게 한다.

목제동자상 조선, 국립중앙박물관 소장(김종학 기증), 104쪽

양손을 곱게 모두어 다산의 상징인 석류를 공손히 받쳐 들고 150여 년을 서 있었다. 인고의 세월을 지낸 목동자는 언제쯤 득도할 수 있을까?

용봉문환두대도(부분) 백제, 국립공주박물관 소장, 112쪽

백제 무령왕릉 속 왕의 좌측면에서 출토된 길이 82cm의 긴 칼의 손잡이 부분이다. 칼 손잡이 끝이 둥그런 환두도의 형식은 우리 민족 고유의 특징으로 고구려, 신라, 가야에서도 사용하였다. 이 유물의 둥그런 고리 부분에는 두 마리의 용이 얽혀 있고 그 안에 용두의 옆모습이 금동으로 조각되어 있다. 고리 바로 밑에는 은판에 봉황 무늬를 새겨서 붙이고 손잡이 부분은 금실과 은실을 교대로 빽빽하게 감았다. 고대 사회에서 용과 봉황은 천하의 제왕을 상징하는 최고의 지위를 나타내는 것으로 아무나 사용할 수 없는 것이었다. 1500여 년이 흘렀어도 아직도 무령왕의 손에서 배인 땀냄새가 나는 듯하다.

백자철화인물명기 조선, 앞 1점: 일본 고려미술관 소장, 뒤 3점: 국립중앙박물관 소장(파평윤씨 교리공 종회 기증), 116-117쪽

10cm 이하의 작은 명기들이다. 고대 사회 순장제도의 변형된 전통이 이어져온 유물들이다. 사후 세계에서도 피장자의 수발을 들어줄 사람이 필요하여 작은 도자기인형으로 대신하였다. 슬픈 표정의 여인 모습이 이채로우며 이곳 저곳 꾹꾹 눌려 있는 작은 몸체에는 아직도 이름 모를 도공의 손길이 남아 있다. 죽은 자의 안녕을 위한, 남아 있는 사람들의 정성스러운 배려심의 산물이다.

은제도금타출표형소병(넝쿨 무늬를 도드라지게 새긴 병) 고려, 국립중앙박물관 소장, 121쪽

얇은 은판 2장을 두들겨 둥글게 만든 후 접합하여 만든 작은 표주박형 병으로 귀부인의 향수병으로 사용되었을 것으로 추정된다. 표면의 요철이 심한 문양은 은의 인장력을 이용하여 두들겨 만드는 타출기법으로 제작하였고 털끝만큼 가느다란 조각칼로 그 위에 섬세한 문양을 새겨넣었다. 당시 세계적인 수준의 금속공예품으로 그동안 고려청자에 가려져 상대적으로 부각되지 못했던 고려시대 금속공예의 재조명이 필요함을 말해 주는 중요한 유물이다.

녹유사천왕상전(부분) 남북국시대 신라, 국립중앙박물관 소장, 127쪽

경주 남산 중턱의 사천왕사 터에서 출토된 유물로, 녹색 유약을 입혀 번조한 탑전이다. 선덕여왕 때 활동한 승려 양지가 만들었다는 설이 있지만 확실하지는 않다. 사천왕사는 신라의 명랑법사가 문두루비법이라는 신비한 불교 의식으로 당나라의 침략을 물리쳤다는 이야기가 전해지는 호국불교의 대표적인 사찰이다. 이 탑전은 길이 170cm, 높이 90cm의 거대한 규모로 목탑의 기단부에 여러 장 돌려 세워 장식하였을 것으로 추정된다.

백자청화죽엽문묵호 조선, 국립중앙박물관 소장(박병래 기증), 136쪽

먹을 담아두던 작고 납작한 항아리. 19세기 분원관요 작품으로 간결하게 청화로 대나무잎만을 그렸다. 조선 선비의 대쪽 같은 강직함과 순수함이 서려 있는 유물로 항아리 속에는 먹의 흔적이 남아 있다.

청자나한상 고려, 국립중앙박물관 소장, 140쪽

고려시대 청자로 만든 부처님의 제자인 나한상이다. 나한이란 본래 아라한의 줄임말로 부처님을 뜻하는 말이었다가 후에 부처님 제자로서 수도하며 일체의 번뇌를 끊고 세상의 존경을 받을 자격이 있는 성자를 의미하게 되었다. 목에는 염주 목걸이를 걸었고 일그러진 표정은 온갖 번뇌를 이겨내는 듯하다. 하반신은 결실되어 찾을 수 없지만 언제나 표정은 한결같다.

금제용두화형잔(왼쪽) 고려, 개인 소장, **은제용두화형잔**(오른쪽) 고려, 국립중앙박물관 소장, 146-147쪽

고려시대 금과 은의 기물제작을 주관하던 관청인 장야서에서 왕실용으로 특별히 제작한 유물로 추정된다. 손잡이인 용의 머리 부분과 몸체인 꽃 모양의 잔 부분을 별도로 주조하여 붙였다. 금과 은의 재질적인 차이에서 알 수 있듯이 금잔의 세밀한 조각은 은잔에 비하여 정교하기 이를 데 없다. 몇 해 전 금잔을 재현하기 위해서 금속공학자와 최고의 금속조각장인 등 공공기관의 사람들이 모였으나, 결론은 '조각불가능.' 형태는 비슷하게 만들었지만 그 외에 조각 기술은 도저히 따라갈 수 없었다. 이 금잔은 일제강점기에 개성에 있는 공민왕릉에서 출토된 것으로 전해진다.

화각꽃무늬실패 조선, 일본 고려미술관 소장, 150쪽

사흘 밤낮을 세워 삶은 소뿔을 얇게 켜서 조각판으로 만든 후 여러 가지 문양을 채색하여 나무에 붙여 모양을 낸 유물이다. 화각공예는 조선시대 여인을 위한 고급규방용품을 제작할 때도 사용되었으며 조선시대 자개공예만큼 귀하게 여겨졌다. 깊고 긴 겨울밤 촛불 아래서 작고 예쁜 실패위에 오색실을 감던 조선 여인네를 연상시킨다.

목제동녀입상 조선, 국립중앙박물관 소장(김종학 기증), 160-161쪽

조선시대 사찰의 명부전이나 나한전에 주로 놓여서 주존상을 시중드는 50cm 정도의 키 작은 동녀상이다. 들고 있는 자라는 장수와 득남을 소망하는 뜻으로 불교와 접목된 민간신앙을 알 수 있다. 비가 온다. 연잎을 머리에 쓰고 자라를 들고 있는 목동녀의 시선은 가냘프지만 또렷하다. 귀에 걸린 작은 귀고리가 이내 시선을 모은다.

백자사발 조선 초기, 일본 다이도쿠지 고호안(大德寺 孤蓬庵) 소장(일본국보), 167쪽

일본 최고의 찻사발로 일명 기자에몬 정호(井戶)라고 불리며, 조선 초 부산 서북쪽 사천항 부근에서 생산된 것으로 추정되는 백자사발이다. 현재 약 250여 점의 정호찻사발이 전해오는데, 그 중에서도 최고는 기자에몬(喜左衛門)이라는 사람이 소장하던 이 찻사발이다. 소장 경위는 밝혀지지 않았으나 찻사발은 당시에도 상당한 고가품이었다. 기자에몬은 후에 가세가 기울어 문전 걸식할 정도가 되었어도 항상 이 찻사발을 몸에 간직하고 다녔다고 한다. 벌써 수백 년 전 이야기다. 이 유물은 몇 대 몇 사람을 거쳐 결국은 교토 다이도쿠지에 기증되어 지금까지 전해지고 있다. 이 찻사발의 비파색 유약과 높은 죽절굽(대나무 마디처럼 생긴 굽), 굽 주위의 유약 뭉침, 당당하게 선 몸체 등에 사람들을 빠져들게 하는 매력이 있다고 한다. 한국, 중국, 일본의 모든 찻사발을 통틀어 왕중왕이라 할 수 있다.

백자청화난초대나무무늬각병 조선 후기, 국립중앙박물관 소장 (박병래 기증), 173쪽

18세기 초 왕실관요에서 제작된 유물. 각병은 둥근 병에 비해 제작이 까다롭고 번조 후 성공할 확률도 반 이하로 낮다. 물레로 둥글게 성형하고 마르기 전 대나무 칼로 입구부터 바닥까지 단번에 깎아내리므로 굽은 안쪽 속으로 파여져 있는데 도통할 정도로 숙련되지 못하면 불가능한 공정이다. 일정한 두께가 아니면 구울 때 몸체가 터져버린다. 기다란 목선에서 내려오는 좁은 면은 동체에 이르러 넓어지고 지면에서 이내 오므라드는데, 각 면마다 세계가 존재하며 돌려가며 감상한다. 곱게 흘러내린 곡선과 순백 바탕 위에 절제된 청화의 가녀림이 어우러진 최상의 작품이다.

은제밀화장식비녀 조선, 국립중앙박물관 소장, 187쪽

비녀의 머리 부분은 국외에서 수입한 값비싼 호박을 꽃 모양으로 조각하여 은칠보로 감싸 안았다. 기다란 몸체는 어느 궁중 여인의 머리에 얹어졌을 값진 유물이다.

백자무릎모양연적 조선 후기, 국립중앙박물관 소장 (박병래 기증), 191쪽

18세기 왕실관요 작품으로 구부린 무릎과 비슷하다 하여 일명 무릎연적이라고도 한다. 순백의 바탕에 유려한 곡선이 더해져 조선시대 청렴한 선비정신을 엿볼 수 있는 작품이다.

분청사기덤벙주병 조선 초기, 일본 오사카 시립동양도자미술관 소장, 194쪽

조선 초 전남 지방에서 제작된 유물로 청자태토로 성형한 주병에 백토를 온몸에 발라 구워낸 민간용 도자기이다. 물레에서 제대로 성형이 안 된 듯 몸체는 울퉁불퉁하고 두꺼운 백토분장은 몇 군데 떨어져 없어졌다. 아울러 비틀어진 입과 어정쩡한 크기 때문에 이 유물이 더욱 볼품없어 보인다. 과거에 볼품없었던 우리의 생활용품이 현재는 일본인에 의해 세계적인 명품으로 변해 있다. 유물의 가치는 시대와 장소에 따라 바뀌는 법이다.

동제비치개 조선 후기, 일본 고려미술관 소장, 200쪽

조선 후기 여인들이 가르마를 타거나 빗살 속의 이물질을 뺄 때 쓰던 도구이다. 동이나 백동으로 만들었으며 복을 기원하는 박쥐 문양이나 풀꽃 무늬로 장식하였다.

백자해태연적 조선 후기, 국립중앙박물관 소장(박병래 기증), 211쪽

19세기 왕실관요인 분원에서 제작된 작은 연적이다. 해태는 화마와 재앙을 막아주는 상상의 동물로 그 모습 또한 험악하게 생긴 것이 일반적이다. 그러나 우리 선조들의 생각은 조금 달랐다. 그 역할만 다하면 해태의 표정이 익살스러워도 괜찮지 않겠는가. 머리를 약간 틀어 올린 모습에 푸른색 청화와 붉은색 동화로 적절히 채색하여 하얀 바탕색과 조화를 이루었으며, 각도에 따라 그 표정 또한 각양각색으로 다양하게 보인다.

조각보 조선, 한국자수박물관 소장, 214쪽

수백 개의 흩어진 마음이 하나가 되었다. 어느 예술가의 작품이 아니다. 조선시대 어머니들은 옷을 만들다 남은 작은 천조각을 하나둘 모아서 보관하였다가 늦은 밤 흔들리는 호롱불 밑에서 한 땀 한 땀 수천 땀을 이어 이토록 아름다운 조각보를 만들었다.

목제상여장식 조선 후기, 국립중앙박물관 소장(김종학 기증), 221쪽

상여 장식은 죽은 사람의 영혼을 저승으로 인도하는 역할을 한다. 해태에 올라탄 남자는 슬픈 듯 두 손을 공손히 모으고 눈도 지긋이 감았다. 죽은 자의 생전 모습을 떠올리는 듯하다. 반면 무엇이 즐거운지 사람을 태운 해태는 싱글벙글 히죽이고 있는 모습이 대조적이다.

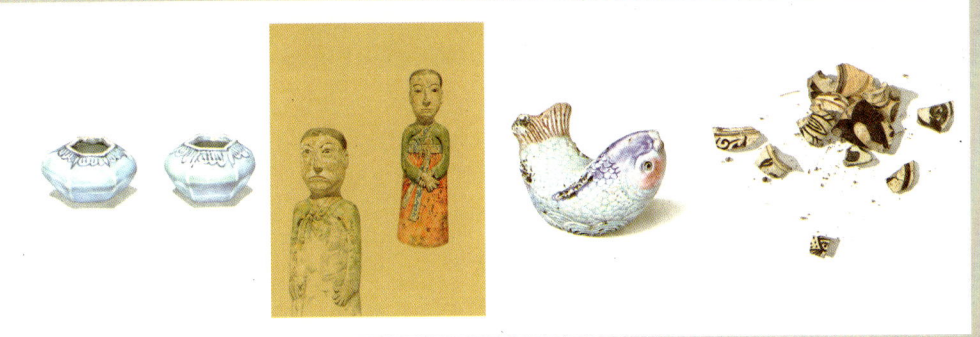

백자청화육각화장기 조선 후기, 국립중앙박물관 소장(유상옥 기증), 230쪽

19세기 왕실관요에서 만든 작은 화장 그릇이다. 양반가의 아녀자들이 색색의 분을 담아 조금씩 아껴 쓰며 한껏 뽐내던, 아직도 그 향기가 그윽한 유물이다.

목각여인상 조선 후기, 235쪽

상여 장식 중 일부이다. 앞에 선 시어머니는 무엇 때문인지 단단히 화가 났다. 심통 맞은 듯 입을 악물고 눈을 부라리며 흥분된 모습이다. 뒤에 선 며느리는 두 손을 공손히 모으고 시선을 내린 채 어쩔 줄 모르고 있다. 빨간 치마에 연두색 저고리의 불쌍한 며느리는 어떻게 되었을까?

백자청화동화잉어연적 조선 후기, 일본민예관 소장, 238쪽

19세기 왕실관요인 분원에서 제작된 연적이다. 물 위를 힘차게 뛰어오르는 잉어의 형상으로 접지면의 옆 부분은 튀는 물결 문양이 새겨졌고 흥분된 듯한 잉어의 양 볼은 동화안료로 붉게 물들였다. 다산과 입신양명을 의미하는 잉어연적은 과거시험을 준비하는 당대 선비들에게는 꼭 갖고 싶은 문방용품 중 하나였을 것이다.

분청사기파편 조선 초기, 247쪽

청자 흙으로 성형한 그릇 위에 물에 갠 하얀 흙물을 바르고 산화철안료의 검은색으로 그림을 그려 구워낸 것이 철화분청사기이다. 조선 초 충남 공주 학봉리 부근의 도자기 가마에서 생산된 유물로, 해학적이며 활달한 필치의 붓맛을 느낄 수 있는 문양의 서민적인 도자기 조각들이다.

절대강자

초판 1쇄 2011년 11월 30일
초판 16쇄 2015년 4월 20일

지은이 | 이외수
그린이 | 정태련
펴낸이 | 송영석

펴낸곳 | (株)해냄출판사
등록번호 | 제10-229호
등록일자 | 1988년 5월 11일(설립연도 | 1983년 6월 24일)

121-210 서울시 마포구 잔다리로 30(서교동 368-4) 해냄빌딩 5·6층
대표전화 | 326-1600 **팩스** | 326-1624
홈페이지 | www.hainaim.com

ISBN 978-89-6574-327-9

파본은 본사나 구입하신 서점에서 교환하여 드립니다.

영혼에 찬란한 울림을 던지는 이외수의 시와 에세이

이외수의 감성산책
코끼리에게 날개 달아주기
삶을 사랑하는 사람은 마침내 모두 별이 된다
흔들리는 젊음에게 보내는 감성치유서

이외수의 비상법
아불류 시불류
그대가 그대 시간의 주인이다
물처럼 자연스럽게 자신을 찾아가는 철학적 성찰

이외수의 소생법
청춘불패
그대가 그대 인생의 주인이다
영혼의 연금술사 이외수의 처방전

이외수의 생존법
하악하악
팍팍한 인생 하악하악, 팔팔하게 살아보세
이외수가 탄생시킨 희망의 언어들

이외수의 소통법
여자도 여자를 모른다
사랑을 잃고 불안에 힘들어 하는
이 시대에 보내는 이외수의 감성예찬

이외수의 사랑예감 詩
그대 이름 내 가슴에 숨 쉴 때까지
사랑함에 느낄 수 있는 여덟 가지 감성
이외수, 사랑과 그리움의 미학